ଧୂପ

dhoopa

ମାୟାଧର ମାନସିଂହ
Mayadhar Mansinha

BLACK EAGLE BOOKS
2019

BLACK EAGLE BOOKS

7464 Wisdom Lane
Dublin, OH 43016
E-mail: info@blackeaglebooks.org
Website: www.blackeaglebooks.org

Publication history of Dhoopa
First Edition printed in 1931 by Pragati Sangha, Cuttack

Reprinted in 1948 by Student's Store,
Berhampur, Sambalpur & Cuttack

Published as part of Mansingh Granthabali Volume 1 in 1962 by Grantha Mandira, Cuttack & Berhampur.

International Edition prepared by The Mansingh Trust,
and published in 2019 by Black Eagle Books

Dhoopa by Mayadhar Mansinha

Copyright © **The Mansingh Trust**

The logo shows a lighted lamp under a lotus flower, with crossed sword and a quill pen in front. The logo was used by Mayadhar Mansinha on many of his books.

All rights reserved. No part of this publication may be reproduced, stored in a retrieval system, or transmitted, in any form or by any means, electronic, mechanical, photocopying, recording or otherwise without the prior permission of "The Mansingh Trust".

Cover: Jyotiranjan Swain
based on a painting by Master Craftsman Bijay Kumar Parida

Interior Design & Typeset in Odia font Akruti Orisarala by Ezy's Publication

ISBN- 978-1-64560-016-9 (Paperback)

Printed in United States of America

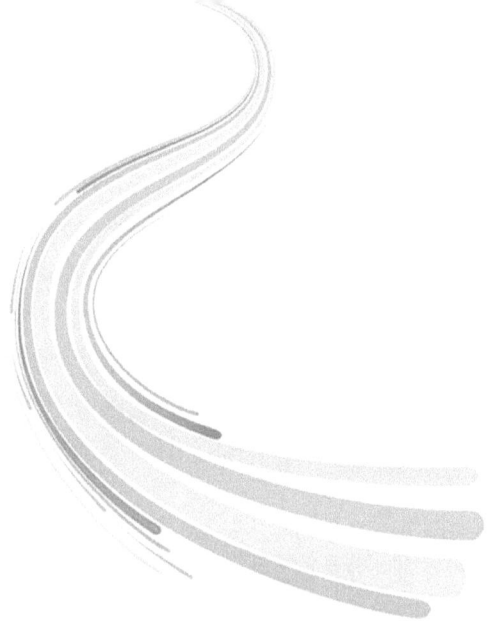

'ଧୂପ'ର ଏହି ସଂସ୍କରଣ ବିଷୟରେ ପଦେ

ରେଭେନ୍ସା ମହାବିଦ୍ୟାଳୟରେ ବି.ଏ. ପଢୁଥିବା ବେଳକୁ ମାୟାଧର ମାନସିଂହ ଜଣେ ଯୁବକବି ଓ ସାହିତ୍ୟିକ ଭାବରେ ପରିଗଣିତ ହୋଇସାରିଥିଲେ । 'ଉତ୍କଳ ସାହିତ୍ୟ', 'ସହକାର' ଓ 'ଆରତି' ପରି ଅଗ୍ରଣୀ ସାହିତ୍ୟ ପତ୍ରିକା ଇତ୍ୟାଦିରେ ତାଙ୍କର ଲେଖା ନିୟମିତ ଭାବରେ ପ୍ରକାଶିତ ହେଉଥିଲା । ରେଭେନ୍ସା କଲେଜରେ ଏମ୍.ଏ. ଶ୍ରେଣୀରେ ଯୋଗଦେବା ପରେପରେ ପଶ୍ଚିମ ଛାତ୍ରାବାସରେ ବସି ସେ ମାସେ ଧରି ପ୍ରତିଦିନ ଗୋଟିଏ ଗୋଟିଏ କବିତା ଲେଖି ପକାଇଥିଲେ । ସେଇ କବିତାଗୁଚ୍ଛକୁ ଦେଖି, ତାଙ୍କର ସହପାଠୀ ସାଧୁଚରଣ ମହାନ୍ତି କବିତାଗୁଡ଼ିକୁ ସଂକଳନ ଭାବରେ ପ୍ରକାଶ କରିବାକୁ ମାନସିଂହଙ୍କୁ କହିଥିଲେ । ବହି ଆକାରରେ କବିତା ସଂକଳନ ପ୍ରକାଶ କରିବାକୁ ମାନସିଂହ ଅନିଶ୍ଚିତ ଓ କୁଣ୍ଠିତ ହୋଇଥିଲେ । ସାଧୁଚରଣଙ୍କ ବାଧ୍ୟବାଧକତାରେ ୧୯୩୧ ମସିହାରେ 'ଧୂପ' 'ପ୍ରଗତି ସଂଘ' ନାମକ ଏକ ଛାତ୍ର ସଙ୍ଗଠନ ଦ୍ୱାରା ପ୍ରକାଶ ପାଇଲା ।

ସାଧୁଚରଣ ମହାନ୍ତି ଥିଲେ ବିନୟୀ ଓ ନମ୍ର ସ୍ୱଭାବର। ଅନ୍ୟକୁ ସାହାଯ୍ୟ କରିବାରେ ସେ ସବୁ ସମୟରେ ପ୍ରସ୍ତୁତ ଥିଲେ। ଓଡ଼ିଶାର ପ୍ରଗତି ନିମନ୍ତେ କିଛି କରିବାର ପ୍ରେରଣାରେ ଉଦ୍‌ବୁଦ୍ଧ ହୋଇ ସେ କେତେକ ଦୀପ୍ତିମାନ ସମଭାବାପନ୍ନ ସହପାଠୀମାନଙ୍କୁ ନେଇ 'ପ୍ରଗତି ସଂଘ' ନାମକ ଛାତ୍ର ସଂଗଠନ ଗଢ଼ିଥିଲେ ଏବଂ ନିଜେ ତା'ର ସମ୍ପାଦକ ଭାବରେ କାର୍ଯ୍ୟ କରୁଥିଲେ। ବୋଧହୁଏ ଉନ୍ନତ ମାନର ସାହିତ୍ୟ ଦ୍ୱାରା ଓଡ଼ିଶାର ପ୍ରଗତି ସମ୍ଭବ ହୋଇପାରିବ ବୋଲି ସେ ଦୃଢ଼ ରୂପେ ବିଶ୍ୱାସ କରୁଥିଲେ। ମାନସିଂହ କୁହନ୍ତି ଯେ ସାଧୁଚରଣଙ୍କ ପ୍ରଚେଷ୍ଟା ବିନା 'ଧୂପ' କେବେବି ପ୍ରକାଶ ହୋଇ ପାରିନଥାନ୍ତା।

୧୯୩୧ ମସିହାର ପ୍ରଥମ ପ୍ରକାଶର ନବେବର୍ଷ ବ୍ୟବଧାନ ପରେ, ଏହି ସଂକଳନର ପୁନଃପ୍ରକାଶକୁ ନେଇ ମାନସିଂହ ଟ୍ରଷ୍ଟ ଗର୍ବିତ। ୧୯୩୧ ମସିହାର 'ଧୂପ'ର ପ୍ରଥମ ସଂସ୍କରଣର ପ୍ରଥମ ପାଞ୍ଚପୃଷ୍ଠା ଏହି ନୂତନ ସଂସ୍କରଣରେ ପୁନଃମୁଦ୍ରିତ। ୧୯୬୨ରେ ପ୍ରକାଶିତ ହୋଇଥିବା ମାନସିଂହ ଗ୍ରନ୍ଥାବଳୀ ପ୍ରଥମ ଭାଗରେ ଥିବା 'ଧୂପ' ପାଇଁ ମାନସିଂହ ଏକ ନୂତନ 'ଭୂମିକା' ଲେଖିଥିଲେ। ଆମେ ଏହି 'ଭୂମିକା'କୁ ଏହି ସଂସ୍କରଣରେ ଅନ୍ତର୍ଭୁକ୍ତ କରିଅଛୁ। ଆଶାକରୁ ଯେ 'ଧୂପ'ର ଏହି କବିତାଗୁଚ୍ଛକୁ ପଢ଼ି ଓଡ଼ିଶାର ସାହିତ୍ୟପ୍ରେମୀ ପାଠକୀୟମାନେ ଆନନ୍ଦ ପାଇବେ।

ମାନସିଂହ ଟ୍ରଷ୍ଟ ତରଫରୁ

ଲଲାଟେନ୍ଦୁ ମାନସିଂହ
ଲଳିତେନ୍ଦୁ ମାନସିଂହ
ଲାବଣ୍ୟେନ୍ଦୁ ମାନସିଂହ
ନିବେଦିତା ସ୍କଡାର
ସ୍ୱର୍ଗୀୟା ସଂଘମିତ୍ରା ସୁନ୍ଦରରାୟ

ସୂଚୀପତ୍ର

ଭୂମିକା / ୧୧
ତରୁଣ କବିର ଆଶା / ୧୫
ପାପ ଓ ପ୍ରେମ / ୨୦
ଗୋପନ କଥା / ୨୪
ମିଳନ-ପଥ / ୨୫
ଅପ୍ରତ୍ୟୟ / ୨୭
ଦେଖାହେଲା କିପାଁ / ୩୦
ଅଶ୍ରୁର ଆନନ୍ଦ / ୩୩
ପ୍ରଣୟ-ବ୍ୟଥା / ୩୫
ପ୍ରଣୟ-ସାଧନା / ୩୭
ପ୍ରିୟାର-ସାଧନା / ୩୮
ବନ୍ଦିନୀ ପ୍ରିୟା / ୪୧
ଆଷାଢ଼-ଅଭିସାର / ୪୬
ଏଇ ସହକାର ତଳେ / ୫୦
ବିରହୀ / ୫୪
ବସନ୍ତ-ବିରହୀ / ୫୭

ମୌନ-ବିଦାୟ / ୬୦

ପ୍ରଣୟୀ / ୬୧

ବିରହ / ୬୪

ବର୍ଷା-ବିରହ / ୬୬

ମନେ କି ଥାଏ ? / ୬୯

ପ୍ରଣୟ-ଗର୍ବ / ୭୧

ରାସସ୍ତବୀ / ୭୩

ଜଣେ ମତେ ଭଲପାଏ / ୭୭

ସ୍ମୃତି / ୭୯

ପାଶୋର ପ୍ରଣୟ / ୮୨

ପ୍ରେମର ପରିମାପ / ୮୬

ଶଙ୍କିତ ସ୍ନେହ / ୮୯

ଭଲପାଅ ? / ୯୦

ଦୂରେ ରହ / ୯୩

ପ୍ରେମର ଭାଷା / ୯୫

ପ୍ରେମ ଓ ଜରା / ୯୬

ପ୍ରେମ ଓ ମୃତ୍ୟୁ / ୯୮

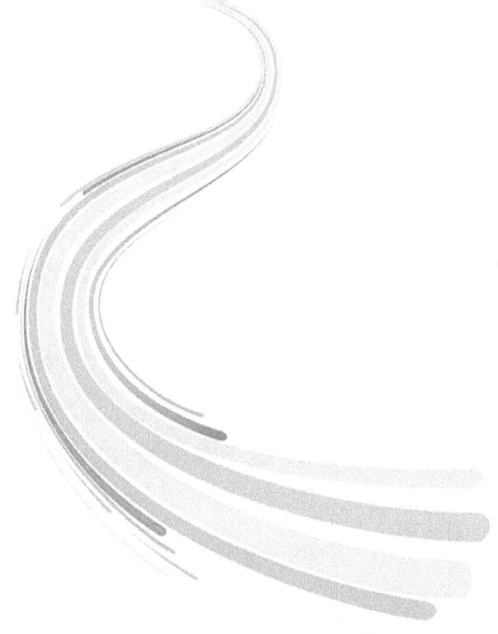

ଭୂମିକା

ଏସବୁ କବିତା ଉତ୍କଳର ପାଠକପାଠିକାମାନଙ୍କ ହାତରେ ଦେଲାବେଳେ ଲେଖକର ଛାତି ଆଶଙ୍କା ଓ ଭୟରେ ମେଘାୟିତ ହୋଇଉଠୁଛି । ଯୌବନର ଅନୁଭୂତି-ପ୍ରଚୁର ଦିନମାନଙ୍କରେ ଯା'ର ଯା'ର ସଖ୍ୟ ଲାଭହେଲା, ତାଙ୍କୁ ନେଇ ଉଚ୍ଛ୍ୱସିତ ଭାବରେ ଜଣେ ଲେଖକ ଦି'ପଦ ଗାଇଦେଇଛି । ଦଳିତ ଅବହେଳିତ ଜୀବନରେ ସୁଖ ଓ ଦୁଃଖକୁ ଏପରି ଭାବରେ ଭାଷାରେ ପ୍ରକାଶ କରିବା ଏକ ବଡ ବିଳାସ । ତେଣୁ ଏସବୁ ନୈତିକ କି ଅନୈତିକ ଏ ତତ୍ତ୍ୱ ନିରୂପଣ କରିବାର ପ୍ରବୃତ୍ତି କେବେହେଲେ ଲେଖକର ହୋଇନାହିଁ । ସେହି ଭାର ସେ କାଳ ହସ୍ତରେ ଛାଡ଼ିଦେଇଛି । କିନ୍ତୁ ଗୋଟିଏ କଥା ମନରେ ଉଠେ, ଯେଉଁ ଦେଶ ଓ ସମାଜରେ ମୂର୍ଖ ପୂଜାପାନ୍ତି ଓ ପଣ୍ଡିତ ଉପାସେ ମରନ୍ତି, ଯେଉଁଠି ଉପର ପାହାଚର ଲୋକ ତଳ ପାହାଚର ଲୋକକୁ ଉଠେଇନେବା ପରିବର୍ତ୍ତେ ଗୋଇଠାମାରି ଚାପିଦେବାରେ କୃତକୃତ୍ୟ ବୋଧକରନ୍ତି, ଯେଉଁଠି ଧନ ଓ ପଦର ଭୟରେ ଗୁଣ ଦାସ ହୋଇ ରହେ

ବା ବାନପ୍ରସ୍ଥ ଅବଲମ୍ବନ କରେ, ସେ ଦେଶ ଓ ସମାଜ ପୁଣି କବିତାର ଅନୈତିକତା ବିଚାର କରିବ ? ରଘୁବଂଶରେ କାଳିଦାସ ଈଶ୍ୱରଙ୍କୁ କବି ବୋଲି ସ୍ତୁତି କରିଛନ୍ତି। ସୃଷ୍ଟି ରୂପୀ ମହାକାବ୍ୟର ଲେଖକ ଭାବରେ ସ୍ରଷ୍ଟା ପ୍ରକୃତରେ ମହାକବି। କବିମାନଙ୍କର ବିଚାର ତାଙ୍କରି ହାତରେ।

ଅନ୍ୟ ପକ୍ଷରେ ଏହା ବିନା ବିବାଦରେ ସ୍ୱୀକାର୍ଯ୍ୟ ସେ ସାହିତ୍ୟର ସମାଜ ପ୍ରତି ସେହିପରି କର୍ତ୍ତବ୍ୟ, ଅନୁଗତା ପତ୍ନୀର ଯେ କର୍ତ୍ତବ୍ୟ ଉଚ୍ଛୃଙ୍ଖଳ ସ୍ୱାମୀ ପ୍ରତି। ସାଧ୍ୱୀ ସ୍ତ୍ରୀ ଯେପରି ରତି ହୋଇ ସ୍ୱାମୀର ମନୋହରଣ କରିବ, ଅଥଚ ମନ୍ତ୍ରୀ ହୋଇ ତାକୁ ନିୟନ୍ତ୍ରଣ କରିବ, ସାହିତ୍ୟର ସମାଜପ୍ରତି ବ୍ୟବହାରର ସେହି ପଦ୍ଧତି। ନିଷେଧ ଜାଲରେ ବ୍ୟକ୍ତିର ହାତ ଗୋଡ଼ ବାନ୍ଧି ତାକୁ ଜଡ଼ କରିବାର ପ୍ରଥା ଏଠିକାର ପ୍ରଥା ନୁହେଁ। ସାହିତ୍ୟର ପ୍ରଥା ହେଉଛି, ଅନୁଭୂତିର ରସ ସଂଚାର କରି ଜଡ଼କୁ ପ୍ରାଣବାନ୍ ଓ ଆତ୍ମ-ଚେତନ କରିବାରେ। ପ୍ରାଣ ନୀତି ନୁହେଁ କି ଅନୀତି ନୁହେଁ। ତା'ର ଲକ୍ଷଣ ହେଉଛି ଯେ ତାହା ଶକ୍ତିରେ ଚଞ୍ଚଳ ଓ ଅନୁଭୂତିରେ ସରସ। ସାହିତ୍ୟର ଲକ୍ଷଣ ମଧ୍ୟ ଏହା ହିଁ ବା ଏହା ହେବା ଉଚିତ।

ଏହି କବିତାଗୁଡିକର ଏ ଲକ୍ଷଣ ଅଛି କି ନାହିଁ ତାହା ମୋ ଅପେକ୍ଷା ପାଠକମାନେ ବେଶୀ ବୋଧ କରିବାର କଥା। ଆମେମାନେ ଏହା ମଧ୍ୟ ସ୍ୱୀକାର କରିବା ଯେ ମାନବିକ ପ୍ରେମ ଅପେକ୍ଷା ଜୀବନରେ ମହତ୍ତର ଓ ସୁନ୍ଦରତର ଅନୁଭୂତି ଅଛି। କିନ୍ତୁ ଏ ଅନୁଭୂତି ନିନ୍ଦନୀୟ ବା ଲଜ୍ଜାକର ହେବାର କୌଣସି କାରଣ ନାହିଁ। ଏହି ପବିତ୍ର ଭାରତଭୂମିରେ ଭରତ ନାମକ ଏକ ଋଷି ପ୍ରଥମେ ନାଟକୀୟ ସମାଲୋଚନା ଆରମ୍ଭ କରନ୍ତି। ଏ ପ୍ରସଙ୍ଗରେ ସେ ରସମାନଙ୍କର ବିଶ୍ଳେଷଣ କରି ନରନାରୀର ସଖ୍ୟଜନିତ ଶୃଙ୍ଗାର ରସକୁ ଆଦି ବା ପ୍ରଧାନ ଓ ପ୍ରଥମ ରସ ରୂପେ ସ୍ଥାନ ଦେଇଛନ୍ତି। ଭରତଙ୍କ ବିଶ୍ଳେଷଣ ଉପରେ ଆଉ କାହାକୁ କିଛି କହିବାର ଏପର୍ଯ୍ୟନ୍ତ ଶୁଣାଯାଇନାହିଁ।

ଫୁଲଟା ଶୁଖି ଝଡ଼ିଯାଏ, କିନ୍ତୁ ତା' ସମ୍ବନ୍ଧରେ ବଡ଼ କଥା- ଶୁଖି ଝଡ଼ିପଡିବାଟା ନା ସେ ଦିନେ ଫୁଟି ଧରଣୀକି ଗନ୍ଧ ଓ ରୂପରେ ମୁହୂର୍ତ୍ତକ ଲାଗି ହସେଇ ଦେଇଥିବାଟା ? ମନୁଷ୍ୟ ଜୀବନରେ ରୂପ ଓ ଯୌବନ କ୍ଷଣସ୍ଥାୟୀ - ଏଥିରେ ଦ୍ୱିମତ ନାହିଁ। କିନ୍ତୁ ଦିନେ ଶୁକ୍ଳକେଶ ସ୍ଥବିର ବୃଦ୍ଧ ହେବି ବୋଲି, ଆଜିର ଯୁବକ ଓ ଯୁବତୀଙ୍କୁ ତାଙ୍କର ପ୍ରାଣ-ପ୍ରାଚୁର୍ଯ୍ୟ ଉପଭୋଗ କରିବାରୁ ତାଙ୍କୁ ନିରୋଧ କରିବାରେ କି ଯୁକ୍ତି ଅଛି ? ଆଉ ଜୀବନରେ ଶୁକ୍ଳକେଶ ଓ ସ୍ଥବିରତ୍ୱ ହିଁ ସଞ୍ଜ ଯୌବନର ଅଶ୍ରୁ, ଆନନ୍ଦ ଓ

ଆବେଗ ପ୍ରଭୃତି ଅପରାଧ, ଏହା ସତ୍ୟର ଅପଳାପ, ସେହିପରି କ୍ଷତିକାରକ। ଯେଉଁ ଦେଶରେ ସନ୍ନ୍ୟାସ ଓ ବୈରାଗ୍ୟ ଆଦର୍ଶ ବୋଲି ଆଜି ଧରାହେଉଛି, ସେଠି ରାଜଯୋଗ ଓ ଆୟୁର୍ବେଦ ଭିତର ଦେଇ, ଜରା ବିନାଶକରି ଯୌବନକୁ ଚିରସ୍ଥାୟୀ କରିବାର ପ୍ରଚେଷ୍ଟା କିପରି ଆସିଲା ? କବିତାରେ ଓ କଳାରେ ଠିକ୍ ଏହି ପ୍ରଚେଷ୍ଟା ହିଁ ପ୍ରକାଶ ପାଉଛି। ଆମେ ଦେଖୁ ଯେ ମନୁଷ୍ୟ ବରାବର ଚେଷ୍ଟା କରି ଆସୁଛି, ତା'ର ଚିରପଳାୟମାନ ଆନନ୍ଦ ମୁହୂର୍ତ୍ତଗୁଡିକୁ ସେ ସାହିତ୍ୟ ଓ କଳାରେ କିପରି ବାନ୍ଧିରଖିବ।

ଅନେକେ ଭାବିପାରନ୍ତି ଯେ ଏ କବିତାଗୁଡିକ ଅତ୍ୟନ୍ତ ବ୍ୟକ୍ତିଗତ। କିନ୍ତୁ ଆଜି ପଛକୁ ଅନାଇ ଲେଖକ ଦେଖୁଛି ଯେ ଏଥିରେ ବ୍ୟକ୍ତିର ସମ୍ପର୍କ ନିମିତ୍ତମାତ୍ର। ପ୍ରଥମ ଯୌବନରେ ବାପା-ମାଆ-ଭାଇ-ଭଉଣୀଙ୍କର ଉପସ୍ଥିତି ସତ୍ତ୍ୱେ ଏକ ନିଃସଙ୍ଗତା ପ୍ରତ୍ୟେକ ଜୀବନରେ ଆସେ। ଏହା ପ୍ରାୟ ସାର୍ବଜନୀନ। ତେବେ ପିତୃ-ମାତୃ-ଭ୍ରାତୃହୀନ ଏକ ନିଃସଙ୍ଗ ତରୁଣକୁ ଯେଉଁମାନେ ସଖ୍ୟ ଦାନକରି ତାକୁ ଅନୁଗୃହୀତ କଲେ, ତାଙ୍କର ମହିମ୍ନ ସ୍ତବ ଗାଇବା ତା' ପକ୍ଷରେ କି ବିଚିତ୍ର ବ୍ୟାପାର ? ସେ ବୟସ ଓ ସେ ଅବସ୍ଥାରେ ଯେକୌଣସି ତରୁଣ, ଯେକୌଣସି ନର ବା ନାରୀର ସଖ୍ୟ ପାଇ ଉଚ୍ଛ୍ୱସିତ ହୋଇଉଠିବା ସ୍ୱାଭାବିକ। ତେଣୁ ଲେଖକ ଆଜି ଭାବୁଛି ଯେ ଏ କବିତାସବୁ ପ୍ରକୃତରେ ବ୍ୟକ୍ତିନିରପେକ୍ଷ। ଏସବୁ ଏକ ନିଃସଙ୍ଗ ତରୁଣ ହୃଦୟ ଉପରେ ଅନ୍ୟ ହୃଦୟମାନଙ୍କର ପ୍ରତିକ୍ରିୟାର ଚିତ୍ରମାତ୍ର। ସେ ହୃଦୟ ସବୁର ଢ଼େର୍ ପରିବର୍ତ୍ତନ ହୋଇଗଲାଣି। ଯୌବନର ରଙ୍ଗିନ୍ ଚଷମାରେ ଯେଉଁ ଜଗତ ସ୍ୱପ୍ନପୁରୀ ପରି ପ୍ରତୀତ ହେଉଥିଲା, ଆଜି ତାହା ରୁକ୍ଷ, ନୀରସ ଓ ହାହାକାରମୟ। ଏ କବିତାଗୁଡ଼ିକର ବର୍ତ୍ତମାନର ସଂସ୍କରଣ ପାଇଁ ପ୍ରୁଫ୍ ପଢ଼ିଲାବେଳେ ମନେ ହେଉଥିଲା ସେଗୁଡିକ ଯେପରି ଅନ୍ୟ କେଉଁ କବିଦ୍ୱାରା ରଚିତ। ତଥାପି, ଏକ ହୃଦୟର ଇତିହାସ ଭାବରେ ଏସବୁର ମୂଲ୍ୟ ଥାଇପାରେ। ଯିଏ ଲେଖିଥିଲା ଓ ଯେଉଁମାନଙ୍କ ପାଇଁ ଲେଖାଯାଇଥିଲା, ସେମାନେ କ୍ରମେ ପରିବର୍ତ୍ତିତ ଓ ଶେଷରେ ଅନ୍ତର୍ହିତ ହୋଇଯିବେ, କିନ୍ତୁ ଏ କବିତାଗୁଡିକରେ ଯଦି ସତ୍ୟ ଓ ଗଭୀର ଅନୁଭୂତିର ସଂଚାର ହୋଇଥିବ, ତେବେ ସେମାନଙ୍କର ପରିବର୍ତ୍ତନ ବା ମରଣ ନାହିଁ।

କାବ୍ୟଯୋଗ୍ୟ ଅନୁଭୂତି ଲେଖକର ଜୀବନରେ ଘଟିଥିଲେ ହେଁ, ଇଂରେଜ କବିମାନଙ୍କ ସଙ୍ଗେ ପରିଚୟ ଘଟିନଥିଲେ, ସେ ଅନୁଭୂତି ଏ ପ୍ରକାର ଆତ୍ମପ୍ରକାଶ କରିନଥାନ୍ତା। ଆମ ସାହିତ୍ୟରେ ପ୍ରେମ କବିତାର ଅରଣ୍ୟ ରହିଛି; କିନ୍ତୁ ସେଥିରେ ବିଚିତ୍ରତା ନାହିଁ। ସେ ଜଙ୍ଗଲ ଯେପରି ଗୋଟିଏ ଗଛର ଜଙ୍ଗଲ। କିନ୍ତୁ ଇଂରେଜୀ ସାହିତ୍ୟ ପ୍ରତ୍ୟେକ କବିର ବ୍ୟକ୍ତିଗତ ବିଭିନ୍ନ ଅଭିଜ୍ଞତାରେ ଶବଳିତ। ତାହା ଦେଖି

ହିଁ, ନିଜର ଅଭିଜ୍ଞତାକୁ ନିଜର ସ୍ୱତନ୍ତ୍ର ରୀତିରେ ପ୍ରକାଶ କରିବାକୁ ଲେଖକର ସାହସହେଲା । ଅନେକ କବିତା ଇଂରେଜୀ ଛନ୍ଦର ଅନୁକରଣରେ ରଚିତ ।

ପ୍ରଗତି ସଂଘଦ୍ୱରା 'ଧୂପ' ପ୍ରଥମେ ପ୍ରକାଶିତ ହୋଇଥିଲା । ଲେଖକ ଓ ତାହାର କେତେକ କଲେଜ ତରୁଣ ବନ୍ଧୁ ଏହି ସଂଘ ଆରମ୍ଭ କରିଥିଲେ । ଦେଶକୁ ଉଠେଇବାର ନାନା ସ୍ୱପ୍ନ ଭିତରେ 'ସାହିତ୍ୟ' ଏକ ପନ୍ଥା ଥିଲା । କିନ୍ତୁ ଜୀବନ ସଂଗ୍ରାମର ତାଡ଼ନାରେ ସେ ସଂଘର ସଦସ୍ୟବୃନ୍ଦ ଏ ଦେଶ ଓ ଏ ଦେଶ ବାହାରେ କାହିଁ କାହିଁ ନିକ୍ଷିପ୍ତ । ପ୍ରତ୍ୟେକର ଜୀବନ ଏପରି ଆତ୍ମକେନ୍ଦ୍ରିକ ହୋଇଯାଇଛି ଯେ ଦେଶର କଥା ଦୂରେଥାଉ, ପରସ୍ପରକୁ 'କିପରି ଅଛ' ବୋଲି ପଚାରିବାର ପ୍ରବୃତ୍ତି କାହାରି ନାହିଁ । ସେମାନଙ୍କ ମଧ୍ୟରୁ ଜଣେ ଶ୍ରୀ ଭଗବତୀଚରଣ ପାଣିଗ୍ରାହୀଙ୍କର କଣ୍ଠସ୍ୱର ଚିରଦିନ ପାଇଁ ନୀରବିତ । ସେ ଲେଖକର ବିଶିଷ୍ଟ ସଖା ଥିଲେ । ଏସବୁ କବିତାର ନୂତନ ସଂସ୍କରଣ ଦେଖିଥିଲେ ହୁଏତ ସେ ଖୁସିହୋଇଥାନ୍ତେ । 'ପ୍ରଗତି'ର ଅତ୍ର-ତତ୍ର-ବାସୀ ସଦସ୍ୟ ବନ୍ଧୁମାନଙ୍କୁ ଶେଷବାର ସ୍ମରଣ କରି ବିଦାୟନିଏଁ । ଯେଉଁମାନଙ୍କ ସହବାସରେ ଜୀବନର ମଧୁରତମ ଦିନଗୁଡିକ କଟିଯାଇଛି, ଜୀବନର ଅର୍ଦ୍ଧପଥରେ ତାଙ୍କରି କଥାସବୁ ଯେ ବାରମ୍ବାର ମନେପଡ଼ିବ, ଏଥିରେ ବିଚିତ୍ର କ'ଣ ? ସେମାନଙ୍କ ଜୀବନରେ ଶାନ୍ତି ସୁଖର ସଂଚାର ହେଉ ।

– **ଲେଖକ**

('ଧୂପ'ର ୧୯୬୨ ମସିହାରେ ପ୍ରକାଶିତ ଗ୍ରନ୍ଥାବଳୀର ପ୍ରଥମ ଖଣ୍ଡରେ 'ଧୂପ' ଅନ୍ତର୍ଭୁକ୍ତ ହୋଇଥିଲା । ସେହି ଉପଲକ୍ଷେ 'ଧୂପ' ପାଇଁ ଡ. ମାୟାଧର ମାନସିଂହ ଏହି ଭୂମିକାଟି ଲେଖିଥିଲେ ।)

ତରୁଣ କବିର ଆଶା

ଏଡେ ବିରାଟ ସେ, ପାଏ କି ଭାଷା,
ହାୟରେ ତରୁଣ କବିର ଆଶା !
ଭାବିଥିଲି ଯିବି ଅସୀମ ପଥେ
ସୁରଭି-ଶୀତଳ-ମଳୟରଥେ
କୁସୁମ-ଫଗୁଳ ଫଗୁଣ-ପୁରେ
ବାହି ଗୋ ଦୂରେ !

ଅଶୋକକଳିକା ଶ୍ରବଣେ ଗୁଞ୍ଜି
ଚରମେ ଝୁଲାଇ ବଉଳ-ପୁଞ୍ଜି
ପରିମଳ ପରି ଯାଆନ୍ତି ମିଶି
ମୁଁ ଦଶ ଦିଶି !

ପରିମଳ ସମ ଗଗନେ ଭାସି
ପାଗଳ କରନ୍ତି ଜୋଛନାରାଶି;
ଜୋଛନା ଡାକନ୍ତା 'ଆସ ହେ ପ୍ରିୟ
ଚୁମ୍ବନ ନିଅ !

ଚଇତି-ପବନ ସଙ୍ଗୀତ ଧରି
ସେପାର ଆକାଶେ ଯାଆନ୍ତି ଚଳି,
ମୁକତି ଲଭନ୍ତା ପରାଣ ମମ
ବିହଗ ସମ !

କୋକିଳ ଡାକନ୍ତା, 'ଆସ ହେ ଭାଇ'
ତରୁଣ ସେ କବି ହୁଅନ୍ତା ବାଇ,
ଗୋଲାପ କହନ୍ତା, 'ଆସିଲ ସତେ,
ଏତେ ଦିନକେ ?'

ଭାବିଥିଲି ଦୂରି ମଣିଷ-ପ୍ରାସ
ମଧୁର କରିବି ଧରଣୀ -ବାସ
ଏକଇ ଆଦେଶେ, ଜୀବର ହିତେ
ପୃଥିବୀ ପୀଠେ ।

ଦେଶରୁ ଦେଶକୁ ଯାଆନ୍ତି ଉଡ଼ି
ନିଖିଳ ଜାତିର ହୃଦୟ ଜୁରି
ପ୍ରେମର, ଜ୍ଞାନର ପ୍ରଚାର କରି
ପରାଣ ଭରି ।

ଭାବିଥିଲି ଅବା ବକୁଳ ତଳେ
ସୁରଭି କୁସୁମ ଶୟନ ପରେ
ଯାପିବି ଜୀବନ ପ୍ରେୟସୀ ଧରି
ସ୍ୱପନ ପରି ।

ବାଛିନେଇଥିଲି ମୋର ପ୍ରେୟସୀ
ଲାବଣ୍ୟ ପ୍ରତିମା, ସମବୟସୀ
ଭାବିଥିଲି ତାରେ କରିବି ସାଥୀ
ପରାଣ ପାତି ।

ଭାବିଥିଲି ଛାଡ଼ି ପୃଥିବୀ ବାଧା
ପୂଜିବି ସେ ମୋର ହୃଦୟ-ରାଧା
ବଜାଇ ମୁରଲୀ ମୁଁ ଅହରହ
କାହିଁ ବିରହ ?

ଅସର ଚାନ୍ଦିନୀ ଯାମିନୀ ତଳେ
ସେ ରାଧା କୋମଳ ଜଘନ ପରେ
ଜୀବନ ମରଣ ଯାଆନ୍ତି ଭୁଲି
ସପନ ପରି !

ବିଜନ ତଟିନୀ ବେତସ ଗେହେ
ଢାଳି ଦେଇଥାନ୍ତି ଅଳସ ଦେହେ
ଚମକନ୍ତି ଶୁଣି ନୂପୁର ଧ୍ୱନି
ପ୍ରେୟସୀ ମଣି !

ମାନସୀ ଆସନ୍ତା ହଲାଇ ବେଣୀ
ଚତୁରେ ଚଳାଇ ନୟନ ବେନି,
ଲଗାଇ ଦିଅନ୍ତା ପ୍ରିୟରେ ତାର
କୁସୁମ-ହାର !

ପାଶରେ ଥାଆନ୍ତା ରସ କବିତା,
ଚିର-ଯଉବନ ପ୍ରଣୟ-ଗୀତା
ପ୍ରେୟସୀ ଗାଆନ୍ତା, ଚୁମ୍ବନ୍ତି ମୁଖ
ପୂରନ୍ତା ବୁକ।

ହାଇରେ ତରୁଣ କବିର ଆଶା
ଏଡ଼େ ବିରାଟ ସେ, ପାଏ କି ଭାଷା,
ଆକାଶ ବସୁଧା କେତେ ସେ କରେ
ନିମିଷକରେ।

କାହିଁ କଳପନା କାହିଁ ଜୀବନ
ତରୁଣ କବିର ଜଳଇ ମନ,
ଚାରିଆଡୁ ବାଜେ ଦାରୁଣ ବାଧା
କାହିଁ ତା ରାଧା।

ନାହିଁ ରାଧା, ନାହିଁ ବେତସ-ଲୀଳା
ନାହିଁ ପାଶେ ବେଣୀହଲା ଛଇଳା,
ପ୍ରଣୟରେ ମାତି ହେବାକୁ ଗେଲ
କାହିଁ ତା ବେଳ!

ବାଲୁତର ସାଥୀ ନାହିଁ ତା ପାଶେ
ବାଳିକା ସେ ଗଲା ଆନର ଆଶେ,
କାହା ଗଳେ ସୁଖେ ଛନ୍ଦିବ ବାହୁ
କହ ସେ ଆଉ?

ପ୍ରଣୟୀ ହେବାର ଛାଡ଼ିଛି ଆଶ
କେ ବାଳା ବାନ୍ଧଇ ପ୍ରଣୟ-ପାଶ
କେବଳ ହିଁ ପ୍ରାଣ-ପୀରତି-ଲଭି
ଗରିବ କବି!

ଗରିବ କବିରେ ସଂସାର ପୀଡ଼େ
କବିତାକୁ ବେଳ ନାହିଁ ଏ ଭିଡ଼େ,
ଫଗୁଣ ଚଳଇ ଚଇତ ଆସେ
କି ଯାଏ ଆସେ!

ପ୍ରଣୟ-କବିତା-ସ୍ୱପନ ନାହିଁ
ନିମିଷେ ନିମିଷେ ଗଲେ ଉଭାଇ,
ମଣିଷ ବେଭାରେ ଯାଉଛି ଦ୍ରବି
ତରୁଣ କବି!

ଘୁଞ୍ଚାଇ ନେବାର ଜଗତ ବ୍ୟଥା
ସୁଦୂର ସ୍ୱପନ ନିଜର କଥା
ନପାରେ ତୁଳାଇ ଗରିବ କବି
କରୁଣ ଛବି ।

ମଣିଷ ହୋଇ ତା ଏଡ଼େ ବିଚାର
ଧରାରେ ସରଗ ସୃଜନା ତାର ।
ଏ କଳପନାକୁ ପାଏ କି ଭାଷା,
ହାଇରେ ତରୁଣ କବିର ଆଶା ।

■

ପାପ ଓ ପ୍ରେମ

(୧)

ହେ ସମବୟସି, ତୁମର ମୋର ଯେ ପୀରତି
ନିଷ୍ଠୁର କେତେ ବୋଲୁଛନ୍ତି ପାପ କୀରତି !
        ତୁମରେ ବୋଲନ୍ତି କୁଳଟା ଅସତୀ ରମଣୀ
        ମୋତେ ବା ବୋଲନ୍ତି ବ୍ୟଭିଚାରୀ ନୀଚ ବ୍ୟସନୀ,
        ବ୍ୟବହାର ଦେଖି ନିର୍ବୋଧ ଜନତାର ଗୋ,
        ବୁଝେ ଅବା ନାହିଁ ଜିଇଁବାର ଅଧିକାର ଗୋ
ଏଡ଼େ ଅପରାଧ ଜୀବନେ କରିବା ପୀରତି ।
ହୃଦୟେ ହୃଦୟ ମିଶିବାକୁ ଗଲେ
ଧର୍ମ ରହେନା ପୁଣି ମହୀତଳେ
        ଏକ ଆନ ପାଇଁ ଭାବିବା ଗୋ ପାପ-କୀରତି,
        ହେ ସମବୟସି, ତୁମର ମୋର ଯେ ପୀରତି ।

(୨)

ପ୍ରଣୟ କି କଥା ଜାଣିଥିଲେ ଏହା କହି କି ?
ପରାଣ ମିଳିଲେ ପାପ କିପାଁ ଆସେ ମହୀକି ?
        ଚିରଉପବାସୀ କି ଜାଣିବ ଏହି ଜନତା
        କି ପୀୟୂଷ ଢ଼ାଳେ ପରାଣେ ପ୍ରଣୟ-ମମତା ?

ଦରିଦ୍ର ଯେ ଗୋ ଜାଣିବେ କେସନେ ଜୀବନେ
କିବା ଅନୁଭବ ପୀରତି-ପୀୟୂଷ ସେବନେ,
ପ୍ରିୟତମ ବୋଲି ଡାକିବା କି ସୁଖ ସହୀକି,
ଏକ ହୃଦ କଥା ଆନ-କାନ ପାଶେ
ଗୋପନେ କହିବା ଚୁପି ଚୁପି ଭାଷେ
ନୟନ ଲୋତକେ ସ୍ୱର୍ଗ କରିବା ମହୀକି,
ପ୍ରଣୟ କି କଥା ଜାଣିଥିଲେ ଏହା କହି କି ?

(୩)

ଜନତା କି କେବେ ସୁଖଦୁଃଖ ମୋର ଜାଣିବ,
ନୟନୁ ଲୋତକ ପୋଛିବାକୁ କର ଆଣିବ ?
ପାପେ ତେବେ ମୋର କିପାଇଁ ଏ ବ୍ୟଥା କହ ତ,
ସେନେହ ଖୋଜିଲେ ସରେ କି ଧରମ ମହତ ?
ପରାଣେ ପରାଣ ମିଶିଲେ କି ନାରାୟଣ ହେ,
ଶୁଣିଛ କେ କାହିଁ କରିବାର ପଳାୟନ ହେ,
ସେ କଥା ମୂର୍ଖ ସମାଜ ତ ନାହିଁ ଜାଣିବ
ନିର୍ମମ ଖାଲି ଖୋଜି ଅପରାଧ
ସୃଷ୍ଟି କରିବ ମିଛ ଅପବାଦ
ଈଶ୍ୱର ନାମେ ହିଂସାରେ ବାଣ ହାଣିବ ।

(୪)

ନୟନୁ ଯାହାର ଲୋତକ ମୋ ପାଇଁ ବହିଲା
ମୋ' ନୟନେ ସେ ତ ପରମପୂଜ୍ୟା ମହିଳା,
ସତୀଶିରୋମଣି ନ ହେଲା ବା ସେହି କାମିନୀ
ଅସତୀର କିହେ ନାହିଁଛି ପ୍ରଣୟ-ଯାମିନୀ ?
ସତୀ ଅସତୀରେ ଭିନ୍ନ କି ହୁଏ ପରାଣ ?
ପ୍ରାଣ ଯଦି ଅଛି, ଅଛି ହେ ପ୍ରଣୟ ଧିଆନ ।

ସତୀରେ ତା'ଗୁଣ, ଅସତୀରେ ଦୋଷ ହୋଇଲା,
ମୂର୍ଖ ଜନତା କର ତା' ବିଚାର
ପ୍ରଣୟକୁ ଦିଅ ତାର ଅଧିକାର,
ନ କହ ପୁରୁଣା ପୋଥି ଏଥେ କିବା କହିଲା,
ମୋ ନୟନେ ସେ ତ ପରମପୂଜ୍ୟା ମହିଲା।

(୫)

ନୟନ-ବାରିରେ ସିକ୍ତ ଯା' ପ୍ରୀତି ସରଣୀ
ଘୃଣ୍ୟ କି ହେଲା କୁଳଟା ବୋଲି ସେ ଘରଣୀ ?
ମଙ୍ଗଳ-ଦୀପ ଜାଳିଲା ଯେ ଏକ ଭବନେ
ସଙ୍ଗୀତମୟ କରିଲା ଯେ ଏକ ଜୀବନେ,
ଛାୟାତଳେ ଯାର ପାଇଲା ଶାନ୍ତି ମଧୁର
ଆଉ ଏକ ପ୍ରାଣ କ୍ଳାନ୍ତ ବ୍ୟଥିତ ବିଧୁର
ସେ ଜୀବନେ ମୂଲ ଦେବନି କି ଏକ ଧରଣୀ,
ପ୍ରଣୟ କି ହାୟ ଏଡ଼େ ଅପରାଧ
ହିୟା ଖୋଲି ଦେଲେ ମିଳେ ଅପବାଦ
ମନର ମଣିଷେ ମନ ଦେଲେ ହାୟ, ଘୃଣ୍ୟ ହୋଇବ ଘରଣୀ ?

(୬)

ମୂର୍ଖ ଜନତା ବୁଝେ ନାହିଁ ମନ-ଯାଚନା
ଏକ ଆନ ପାଇଁ ବିଳପିବା କିବା ଘଟଣା,
ଜୀବନ-ଦୁଆର ରୁନ୍ଧି ଗୋ ନୀତି-ପାଷାଣେ;
ଜୀବନ ଦେଉଳେ ଉଡାଏ ଗୋ ନୀତି ନିଶାଣେ
ସ୍ନେହର ମୂଲ୍ୟ ନିର୍ବୋଧ ଦେଇ ପାସୋରି
ଦେହର ମୂଲ୍ୟ ଧରିଅଛି ସେ ଗୋ ଆବୋରି,
ସ୍ନେହ ଯେ ଜୀବନେ କରିଦିଏ ପାପ ମାଜଣା;
ନାହିଁ ଜାଣେ ସଖି, ମୂର୍ଖ ଜନତା
ପାପ ବୋଲି କହେ ପ୍ରଣୟ-ମମତା !

ଅଶ୍ରୁ-ଧଉତ-ପୀରତିକି ପାପ-ଘଟଣା;
ମୂର୍ଖ ଜନତା ବୁଝେ ନାହିଁ ପ୍ରୀତି-ରଚନା ।

(୭)

ତେବେ ଲାଞ୍ଛିତା ସୁନ୍ଦରୀ ପ୍ରାଣ-ସଜନି,
ସ୍ନେହେ ତବ ହେଉ ଆର୍ଦ୍ର ନିତି ମୋ ରଜନୀ
 ମୂର୍ଖ ଜନତା କହୁଥାଉ ପାପ ବୋଲି ଗୋ
 ତବ କରତଳ ଦିଅ ମୋ କପାଳେ ବୋଲି ଗୋ,
ଈଶ୍ୱର ଆଗେ ଏ ପାପ ଅଶ୍ରୁ-ଲଳିତ
ଦେଖାଇବା, ହେଉ ପାପ ଓ ପ୍ରଣୟ କଳିତ
ନର ଯା ବୁଝେନା ଦେବତା ବୁଝଇ ସଜନି,
 ଏହି ପାପ ଦେଇ ବେନି ପ୍ରାଣେ ସଖି,
 ଜୀବନ ଯାଉ ତା' ରସ-ଧାରା ରଖି,
ଆଦରେ ଆର୍ଦ୍ର ହେଉ ମୋର ପାପ-ରଜନୀ
ପାପ ଦେଇ ମତେ ପୀୟୂଷ ପିଆଅ ସଜନି !

ଗୋପନ କଥା

ନ କହିବାକୁ ଯାହା ତମେ ଗୋ ଥିଲ କହି
ତମର ମୋର ସବୁ ଘଟିଛି ଯାହା ସହି;
ପାରିନି କଥା ରଖି, କ୍ଷମିବ ମତେ ସଖି,
ମୋ ସାଥୀ-ଜନେ ରାଣି, ଦେଇଛି ତାହା କହି,
ନକହିବାକୁ ଯାହା ତମେ ଗୋ ଥିଲ କହି।

କେସନେ ଏଡ଼େ କଥା ଗୋପନେ ରଖି କହ
ଏଡ଼େକ ଗଉରବ, ନିବିଡ଼ ଏ ପ୍ରଣୟ,
ରାଣୀର ଏ ଯେ ମାନ, ପ୍ରିୟାର ଏ ଯେ ଦାନ
କାହାକୁ ନଦେଖାଇ ରହିବା ଦୁରୁବହ
କେସନେ ଏଡ଼େ କଥା ଗୋପନେ ରଖି କହ ?

ଜୀବନେ ଯଦି କିଛି ଥାଏ ମୋ ଗଉରବ
ଶ୍ରେଷ୍ଠ ତହିଁ ରାଣି, ପ୍ରଣୟ-ଦାନ ତବ,
ତା' ଘେନି ଏ ଜଗତେ ଜାଣିବେ ଲୋକେ ମତେ
ନକହି ତା' କିପରି ରହିବି ମୁଁ ନୀରବ
ସେ ପରା ହେଲା ମୋର ଶ୍ରେଷ୍ଠ ଗଉରବ !

କ୍ଷମିବ ସଖି ମୋର ଏକ ଏ ଅପରାଧ
କ୍ଷମିବ ଯଦି କିଛି ଘଟେ ଗୋ ପରମାଦ,
ସ୍କନ୍ଧେ ସହି ଭାର, ରଖ ତ ହେମ-ହାର
ସେପରି ଏ ଦୋଷୀରେ ଦେବ ଗୋ ପରସାଦ,
ତୁମରି ଗୁଣ ଗାଇ ସିନା ଏ ଅପରାଧ !

■

ମିଳନ-ପଥ

ଯେ ପଥେ ପ୍ରିୟେ, ଆସୁଥିଲ ମୋ' ପାଶେ
ଏ ଦେହ ମିଶିଯାଉ ସେ ପଥ-ଘାସେ।
　　ଆଉ ତ ଆସିବାର
　　ରଚିବା ଅଭିସାର
ସେ ପଥେ, ଯୋଗ ନାହିଁ ମଧୁର-ରାସେ
　　ଏ ଦେହ ମିଶୁ ତେବେ ସେ ପଥ-ଘାସେ।

ସେ ପଥେ କେତେ କଥା ଘଟୁଛି ସହି
ତା' ସ୍ମୃତି ରେଣୁ ଭେଦି ଯାଇଛି ରହି;
　　ଆଉ କେ ଜାଣି ନାହିଁ
　　ଆଉ କେ ଶୁଣି ନାହିଁ
ପ୍ରାଣର କଥା ଯାହା ହୋଇଛି କହି
　　ବିଜନ-ପଥ ଖାଲି ଶୁଣିଛି ରହି।

ତନ୍ଦ୍ରା-ବିଜଡିତ ନଗର ଜନେ
ପିଶାଚ-ପୁରୀ-ଭାଷା ଭାସେ ପବନେ,
ଏକାଳେ ନିଶୀଥରେ
କେ ଆସେ ସେ ପଥରେ
ଫୁଟାଇ ସରସିଜ ଚାରୁ-ଚରଣେ ?
ନିଦ୍ରା-ଭୋର ଯେବେ ନଗର ଜନେ ।

ଉତର ଦେବ ତାର ସାଖୀ ସେ ପଥ
କହିବ, ଆସେ ମୁଖ କରି କେ ନତ
ଗଭୀର ନିଶା ତଳେ,
ବିଜନ ପଥ ପରେ
ଯିବାକୁ ଅଭିସାରେ ପ୍ରିୟ ନିକଟ
କହିବ, ଆସେ ମୁଖ କରି କେ ନତ ।

ପ୍ରିୟେ ଗୋ ପ୍ରିୟେ ଯାଇ ରହିଲ କାହିଁ
ଜୀବନେ ମିଳିବାର ସୁଯୋଗ ନାହିଁ,
ଦୁହିଁଙ୍କ ଇତିହାସ
ଉଦରେ କରି ଗ୍ରାସ
ରହିଲା ତେଣେ ପଥ ପ୍ରବାସ-ବାହୀ
ଦୁହେଁ ଯେ ଦୁଇ ଦେଶେ ରହିଲେ କାହିଁ !

ପ୍ରିୟାକୁ ଲଭିବାର ନାହିଁ ତ ଆଶ
ପ୍ରିୟା ପାବନ ପଥେ ହୁଏ ମୁଁ ଘାସ
ସେ ପଥ-ରେଣୁ ତଳେ
ଶୋଣିତ ସମ ଥରେ
ପ୍ରିୟାର ସୁକୋମଳ-ଚରଣ-ବାସ
ସେ ଲାଭେ ହେବି ମୁହିଁ ସେ ପଥେ ଘାସ ।

■

ଅପ୍ରତ୍ୟୟ

ଜଗତ ଯାଏନା ପ୍ରତେ
ଏତେ ଦାନ ତମେ ରାଣି ! ଯାହା ଦେଲ ମତେ ।
ରାଣୀ ତମେ, ତବ ପୂଜାରୀ ଗୋ ଶତ ଶତ
ଅଗୁରୁଗନ୍ଧେ ଆମୋଦିତ ତବ ପଥ,
ପ୍ରାଙ୍ଗଣେ ତବ ମେଳା କେତେ ରସିକର
ଧନିକ, ସୁଭଗ ଲଭିବାକୁ ତବ କର ।
ସେ ସକଳୁ ବାଛି ଦରିଦ୍ର ଅନୁଗତେ
ସେ ମୋହନକର କଣ୍ଠେ ମୋ ଢ଼ାଳି
ବହ୍ନି ଅଧରେ ଗାଢ଼େ ଦେଇ ଜାଳି
ସମ୍ରାଟ ଯାହା କରିଦେଲ ରାଣି ! ମତେ
ଜଗତ ଯାଏ ନା ପ୍ରତେ ।

ଅପଦାର୍ଥର ଥିଲା କିବା ଅଧିକାର
ପ୍ରଣୟେ ଗୋ ତବ, ଅୟି ଦୟା-ଅକୂପାର !
ରାଣୀ ତମେ ବାଣୀ ନ ଆସେ ରୂପକୁ ତବ
ହାଣି ଆଖି ଢ଼ାଳି ଦିଅ ଶିରୀ-ଗଉରବ,
କେତେ ତ ଭିଖାରୀ ଘେରିଥିଲେ ତବ ରଥେ
କଲ ଯା ସକଳେ ଦୂରେ ପରିହାର
ଡାକି ନେଇ ପାଶେ ଦେଇ ଅଧିକାର
ଗୁରୁ ଗୌରବ ଗର୍ବିତ କଲ ମତେ
ଜଗତ ଯାଏ ନା ପ୍ରତେ ।

ଦୂରୁ ଦେଖି ଗୁରୁ ପରାୟେ ପ୍ରଣତି ବିହି
ତବ ପଥ-ରେଣୁ କପାଳେ ଥିଲି ମୁଁ ଲିହି ।
ତବ ରାଜସଭା ଉତ୍ସବ ଘନ ରବ
ଆଣୁଥିଲା ରାଣି ! ବିମୁଗଧ ଅନୁଭବ,
ଦୂରୁ ଦେଖି ଖରେ ବରିନେଲ ଯାହା ପଥେ,
ପ୍ରେମ-ମଧୁ ଦେଇ ପରାଣ-ପିପାସା
ନିବାରି, ବଢ଼ାଇ ଦେଇ ମୋର ଆଶା
'ସଖି' ବୋଲି ମୁଖେ ଡକାଇଲ ଯାହା ମତେ
ଜଗତ ଯାଏନା ପ୍ରତେ ।

ତା'ପରେ ମଧୁରେ ପୁହାଇଲ କେତେ ରାତି
ଶୁଣାଇ ମୋ' ଆଗେ ପ୍ରଣୟ-ପେଲବ ଛାତି,
କହିଲ, 'ହେ ମୋର ସଖା ଅନ୍ତରତମ,
ଅନ୍ତରୁ ଦୂର ନ କରିବ ସ୍ନେହ ମମ'
ଜୀବନର ଦାନ ଢ଼ାଳିଦେଇ ମୋର ପଥେ,
ପରାଣେ ଯା ଢ଼ାଳି ଦେଇଗଲ ମଧୁ
ଅତି ଲୋଭନୀୟ ଅୟି ବରବଧୂ !

ଚିରକାଳ ଲାଗି ଧନବାନ୍ କରି ମତେ,
ଜଗତ ଯାଏନା ପ୍ରତେ।

ଏ ଯେ ଗୌରବେ ଯୋଗ୍ୟ ମୁଁ ନୁହେଁ ସଖି!
ସରମେ ସଲଖେ ଚରଣ ନ ପାରେ ରଖି,
ଦୀନ ହୀନେ ଏଇ ମହାସମ୍ମାନ ଢ଼ାଳି
ଚଉଦିଗେ ଖାଲି ଉଠାଇଛ କରତାଳି
ଅଛି ରାଣି! ଏବେ ପଣତେ ଲୁଚାଅ ମତେ
ଜନତାର ଏଇ ରୂଢ଼ ପରିହାସ
କଥା କହିବାର ଧରି ଦରହାସ
ବଡ଼ ବ୍ୟଥା ଦିଏ, କି କରିବି କହ ସତେ,
ଜଗତ ଯାଏନା ପ୍ରତେ।

■

ଦେଖାହେଲା କିପାଁ

ଦେଖା ହେଲା କିପାଁ, ଦେଖା ହେଲା କିପାଁ
ହେ ସହଚରି,
ବାଜିଲା କିପାଇଁ ଅପବାଦ କହ
ଜଗତ ଭରି ।

ତୁମେ କାହିଁ ଥିଲ, ମୁହିଁ ଥିଲି କାହିଁ
ଥିଲା କି ଜଣା ?
ଦୁଇର ଜୀବନ ସୁଖେ ଚଳୁଥିଲା
ନୋହି ଆପଣା ।

ପରିହାସେ କି ଗୋ ଦୁଇରେ ବିଧାତା
ଦେଲା ଭେଟାଇ ?
ଭେଟୁ ଭେଟୁ ଦୁହେଁ ସରମ ଛାଡ଼ିଲୁ
ପ୍ରଣୟ ପାଇଁ ।

ବହୁ କାଳୁ ମୋତେ ଚାହିଁ ବସିଥିଲ
ଯେସନେ ସହି,
ଯୁଗଯୁଗାନ୍ତ ପ୍ରଣୟ-ପିପାସା
ହୃଦୟେ ବହି ।

ଅତି ପରିଚିତ ସମ ତେଣୁ ମତେ
ଡାକିଲ ପାଶେ,
ଗୁରୁ ଅପମାନ ବରିନେଲ ମୋର
ପୀରତି ଆଶେ।

ମନା ମାନିଲନି, ବନ୍ୟା-ନଦୀର
ପ୍ରବାହ ସରି,
ମୋ ପାଶେ ଆସିଲ, କୁଳ, ମାନ, ଖ୍ୟାତି
କା'ରେ ନ ଡରି।

ସକଳେ ଜାଣିଲେ ନିନ୍ଦା ରଟିଲେ
ମାରିଲେ ତାଳି,
ଗୁରୁଜନେ ଦେଲେ ଲାଞ୍ଛନା ଶତ
ଉପରେ ଢ଼ାଳି।

କୁସୁମ-କୋମଳ ତନୁରେ ଲାଗିଲା
କଠିନ ବ୍ୟଥା
ନିଠୁର ସରମେ ଇତର ଆଗରେ
ନଇଁଲା ମଥା।

ଆହା ଏତେ କଥା ହେବ ବୋଲି କହ
କେ ଭାବିଥିଲା
ପ୍ରଥମେ ଯେ ଦିନ ସେ ଆଖିରେ ମୋର
ଆଖି ମିଶିଲା।

ଦେଖୁ ଦେଖୁ ହାୟ, ଚୁମ୍ବକ ସମ
ହୋଇଲେ ଟାଣି
ପ୍ରଣୟେ ବିପଦ ଯାହା ସବୁ ତାହା
ଜାଣି ଗୋ ରାଣି !

ଫଳେ ତାର ରାଣି ! ସମାଜ ରଖିଛି
ଦୁହିଁକି ବାରି,
ଦେଖାହେଲେ ଜନେ କହିଥାଁତି କଥା
ନୟନ ଠାରି ।

ହାୟ ରାଣି ! ଦୁଇ ଅଜଣା ସେଦିନ
ମିଳିଲେ କାହୁଁ,
ଜୀବନଟାଯାକ ସହିବାକୁ ହେଲା
ମିଳନ ଦାଉ ।

■

ଅଶ୍ରୁର ଆନନ୍ଦ

ଥର ଥର କରି ଅଶ୍ରୁ ଯେ ବହିଯାଏ,
ପ୍ରିୟା ଗୋ ମୋର,
ତହିଁରେ ମୁଁ ତବ ଗଭୀର ପରଶ ପାଏ ।
ପୀରତି ତୁମର ନିବିଡ଼ ଦେଉଛି ବ୍ୟଥା,
ଗଭୀର ପ୍ରବେଶ, ବ୍ୟଥା ନାହିଁ ପାଏ କଥା
ପ୍ରିୟା ଗୋ ମୋର,
ଏକ ଭାଷା ତାର ଅଶ୍ରୁ ଓ ନୀରବତା ।

ସେହି ଭାଷା ଘେନି ହୃଦୟ ମୋ ଥରେ ଥରେ,
ତରଳ-ବ୍ୟଥାରେ ଗଣ୍ଡ ମୋ ଓଦା କରେ,
ପ୍ରିୟା ଗୋ ମୋର,
ପ୍ରଣୟ ତୁମର ପାଏ ସେ ଅଶ୍ରୁତଳେ ।

ପୀରତିରେ ଏତେ ବେଦନା ନଥିଲି ଜାଣି
ବେଦନାରେ ପୁଣି ସୁଖ ମିଳେ ଏତେ ରାଣି,
ପ୍ରିୟା ଗୋ ମୋର,
କିବା ଦେଲ ମତେ ପ୍ରଣୟର ବାଣ ହାଣି !

ବ୍ୟଥା ତଲୁ ମତେ ଆନନ୍ଦ ଅଛ ଦେଇ
ଏଡ଼େ ଦାନ ମତେ ଜୀବନେ ଦେଇନି କେହି,
ପ୍ରିୟା ଗୋ ମୋର,
ଜୀବନ ମୋହର କିଣୁଅଛ ବ୍ୟଥା ଦେଇ।

ପ୍ରତି ନୀରଧାରେ ନିକଟତର ଗୋ ଆସ,
ସେତେ ଆପଣାର ଯେତେ ଦିଅ ପ୍ରାଣେ ପ୍ରାସ,
ପ୍ରିୟା ଗୋ ମୋର,
କ୍ରନ୍ଦନେ ପାଏ ପୀରତି ମୋ ଅବକାଶ।

ଅଶ୍ରୁ-ଆହୁତି, ପ୍ରଣୟ-ଯଜ୍ଞେ ମମ
ବ୍ୟଥାରେ ଅଗ୍ନି ଜଳୁଅଛି ନିର୍ମମ,
ପ୍ରିୟା ଗୋ ମୋର,
ଭାବୁଛ କି ମୁହିଁ ଚାହେଁ ତା'ର ଉପଶମ ?

ନାହିଁ ସଖି ନାହିଁ ! ଚାହେଁ ମୁଁ ପରମ ବ୍ୟଥା
ନୟନେ ଲୋତକ, ମୁଖେ ଅବ୍ୟକ୍ତ କଥା,
ପ୍ରିୟା ଗୋ ମୋର,
ତହିଁରେ ପାଏ ମୁଁ ପୀରତିର ସଫଳତା।

■

ପ୍ରଣୟ-ବ୍ୟଥା

ଅୟି ପ୍ରିୟେ,
ଜାଣ କି ଗୋ ପ୍ରେମ ତବ କିବା ବ୍ୟଥା ଦିଏ ?
ଅକାରଣ ଶତବାର ନେତ୍ରୁଁ ମୋର ନୀର ବହି ପଡ଼େ,
ଅକାରଣ ବାର ବାର ବକ୍ଷତଳୁ କି ବିଳାପ ଝରେ ।
ବୈଶାଖ କାନନ ସମ ଦଗ୍‌ଧ ମତେ କରେ ନିଜ ନିଆଁ,
ଏକଇ ତାରଣ ବୋଲି ହିୟା ମୋର ଡାକେ 'ପ୍ରିୟା' 'ପ୍ରିୟା' ।

ମନେହୁଏ ଧୂପ ସମ ଦଗ୍‌ଧ ହୋଇ ବାଷ୍ପ ଯିବି ହୋଇ,
ପ୍ରଣୟର ଅଗ୍ନି ଶେଷେ ପ୍ରଣୟର ଭସ୍ମ ଯିବ ଥୋଇ ।
ବକ୍ଷେ ମୋର ଯଜ୍ଞ ଜଳେ, ତୁମେ ତହିଁ ଜୀବନ-ଦେବତା,
ଆତ୍ମା ମୋର ଯଜ୍ଞ-କାଷ୍ଠ, ଘୃତାହୁତି ତୁମର ମମତା ।
ଅହରହ ଏହି ଯଜ୍ଞ ଜଳୁଅଛି ଅନ୍ତରେ ମୋହର,
ମୋ ଜୀବନ ଶୋଷୁଅଛି ତା' ଶିଖାରେ, ନିତ୍ୟ ପଳ ପଳ ।

ଅନନ୍ତ ବେଦନା ମୋର ପ୍ରତି ରକ୍ତେ ଅନନ୍ତ ପିପାସା,
ଶରୀର ବନ୍ଧନ ଭେଦି ତୁମ ସଙ୍ଗେ ମିଶିବାର ଆଶା ।
ସେ ଆଶା ତ ବାଧା ପାଏ; ବାଧା ପାଇ କରଇ ଗର୍ଜନ,
ଶୋଣିତ-ତାଣ୍ଡବ ତଳେ ଚିତ୍ତ ମୋର ଲଭଇ ମଜ୍ଜନ ।
ମୁଖ ପାତି ଶଯ୍ୟା ପରେ ଶୋଇ ରହେ ଅଚେତନ ପରି,
ତୁମ ନାମ ଘୋଷିହୁଏ ଆତ୍ମା ମୋର ଆକୁଳେ ଗୁମରି ।

ଯେତେ ଡାକେ ତେତେ ଦୂରେ ପ୍ରିୟା ତୁମେ କର ପଳାୟନ,
ବ୍ୟାକୁଳ ଅନ୍ତର ମୋର ବ୍ୟର୍ଥ ବୋଲି ଭାବଇ ଜୀବନ।
ଅହରହ ଆଶଙ୍କାରେ ଚିତ୍ତ ମୋର ପୂର୍ଣ୍ଣ ଅଛି ରହି,
'ଭ୍ରାନ୍ତ ତୁମେ' ବୋଲି ଯେହ୍ନେ କିଏ ମତେ ଦେଉଅଛି କହି।
କେବେ ବା ଭାବଇ ନିଜେ ଦୀନ ଦୀନ ଅକିଞ୍ଚନତମ,
ତୁମର ପ୍ରଣୟ ଖାଲି ଦେଖାଇଛି ମୁହିଁ କି ଅକ୍ଷମ।

ଆହତ ଭୁଜଙ୍ଗ ପରି ଚିତ୍ତ ମୋର କ୍ରୁଦ୍ଧ ହୋଇଉଠେ,
ଫିଙ୍ଗିବାକୁ ସ୍ନେହ ତବ ଅଭିଶାପ ବୁକେ ଫୁଟିଉଠେ।
କେବେ ବା ବିବେକ ମୋର ଚେଇଁଉଠି କରଇ ଧିକ୍‌କାର,
'ପାପ''ପାପ' ବୋଲି କ୍ଷଣେ କରେ ପ୍ରାଣେ ବିଦ୍ରୋହ ପ୍ରଚାର।
କେତେ ଆଶା, କେତେ ବ୍ୟଥା, କି ବିଷାଦ, ଆଶଙ୍କା କି ଅବା,
ସବୁ ମିଶି ଚିତ୍ତେ ମୋର ଅହରହ କରିଛନ୍ତି ସଭା।

ପାଗଳ ମୁଁ ହୋଇଉଠେ, ଏ ଅର୍ଗଳ ଫିଙ୍ଗିବାକୁ ମନ,
ପ୍ରିୟେ, ମତେ ପ୍ରେମ ଦେଇ କିଁପା ଏତେ କରୁଛ ଉନ୍ମନ!
ତେଣୁ କହେ ପ୍ରିୟେ,
ପ୍ରେମ ତବ ଏ କବିରେ ବଡ଼ ବ୍ୟଥା ଦିଏ।

■

ପ୍ରଣୟ-ସାଧନା

ସଖି, ମୋହ ଲାଗି ଲକ୍ଷ ନୟନ ତଳେ
ଦ୍ରୌପଦୀ ସମ ପାଅ ଯଦି ଅପମାନ,
ପ୍ରଣୟ-ଭିକାରୀ ନୟନେ ମୋ ଚାହିଁ ଥରେ
ହେଉ ଗୋ ତୁମର ଲଜ୍ଜାର ଅବସାନ।

ସଖି, ରାଜପଥେ ହେଲ ଯଦି ଉଭା ଆସି
ଶ୍ରମ-ଶଙ୍କିତ ହେଲେ କି ସରିବ ପଥ ?
ମତେ ଚାହିଁ ଭୁଲ ପଥର ଯାତନା ରାଶି
ସୁଭଦ୍ରା ସମ ବାହ ଗୋ ପ୍ରଣୟୀ-ରଥ।

ସଖି, ସତୀ ସମ ଲାଞ୍ଛନା ଯଦି ସହ
ଶିବ ସମ ମୁହିଁ ପ୍ରଣୟ-ସାଧନା ଜାଣେ,
ଅପମାନ ଭାରେ ପଥେ ଯଦି ଥକି ରହ
ମସ୍ତକେ ବହି, ମହୀ ମୁଁ ଭରିବି ଗାନେ।

■

ପ୍ରିୟାର ସାଧନା

ଅପମାନ ସହି ପୁଣି ଆସେ ପାଶେ
ଯେ ସହଚରୀ,
ନଦେବି ତାକୁ ମୁଁ ପ୍ରାଣ ଚିରି ପ୍ରେମ
କହ କିପରି ?

ମସ୍ତକ ତା'ର ନଇଁଅଛି କୋଟି
ନୟନ ତଳେ,
ସବୁ ସହେ ପ୍ରିୟା ନୟନ ରଖି ମୋ
ଚରଣ ପରେ ।

ପାଶୋରିଲେ ମିଶେ ପ୍ରେମ ଦିଏ ମୋର
ଶକୁନ୍ତଳା,
ପାଶୋରିବ ମନ କହ କେସନେ ସେ
ସୁକୁନ୍ତଳା ?

ଗୌରବ ତାର   ହରାଇଲା ସବୁ
            ମୋହରି ଲାଗି
କୁଳ ମାନ ସବୁ ପଦେ ଦେଲା ମୋର
            ପ୍ରଣୟ ମାଗି ।

ଅପଥ କଣ୍ଟା   ବାଜିଲା ରାଣୀର
            ଚରଣ ତଳେ
ମୋ ଲାଗି ବାହାରୁଁ   ପ୍ରେମ-ପିପାସିନୀ
            ଜନତା ଡରେ ।

ନିଷ୍ଠୁର କରୁ   ପାଇଅଛି ରାଣୀ
            ନିର୍ଯ୍ୟାତନା
ମୋହଲାଗି ଗଲା   ସୁକୁମାରୀ ଭୁଲି
            ସେ ଲାଞ୍ଛନା ।

କେଉଁ ଲାଞ୍ଛନା   ମାନି ନାହିଁ ପ୍ରିୟା
            ପୀରତି ଲାଗି
ସବୁ ଦେଲା ତାର   ସୁଖ ମାନ ମୋର
            ପ୍ରଣୟ ମାଗି ।

ଅକିଞ୍ଚନ ମୁଁ   ଦେଇଛି ମୋହର
            ଥିଲା ଯା' ଘରେ
ପ୍ରିୟା ଦାନ ସାଥେ   ତାହାର କି ଆଉ
            ତୁଳନା ଚଳେ ?

ତାହା ଜାଣି ମିଶେ   ପ୍ରିୟା ତା' ପାତ୍ର
            ଭରଇ ନିତି
କହିଲେ ସେ କହେ   "ନାରୀ-ପ୍ରଣୟର
            ଏଇ ଯେ ରୀତି ।"

ନାରୀ ହୋଇ ପ୍ରିୟା   ଶିଖାଇଛି ମତେ
ପ୍ରେମ କିପରି
ସାଧନାର ତଳୁ   ପୀୟୂଷ କେସନେ
ପଡଇ ଝରି ।

ପାପ କି ପୁଣ୍ୟ   ବୁଝେ ନାହିଁ ପ୍ରିୟା
ପ୍ରଣୟ ତାର
ସେ ଖାଲି ଜାଣଇ   ପ୍ରିୟଲାଗି ତାର
ଲୁହ ଦେବାର ।

ଲୁହ ଦେଇ ପ୍ରିୟା   ଲୁହ ବୁହାଇଛି
ନୟନୁ ମୋର
ପ୍ରେମ ଦେଇ ମତେ   କରି ପକାଇଛି
ପ୍ରଣୟ-ଭୋର ।

ଆଜି ତେଣୁ ସବୁ   ଦୂର ଓ ନିକଟ
ଭୁଲି ମୋ ହିୟା
ପ୍ରତି ନିଃଶ୍ୱାସେ   ଉଚ୍ଚାରି ଉଠେ
'ପ୍ରିୟା ଗୋ ପ୍ରିୟା ।'

■

ବନ୍ଦିନୀ ପ୍ରିୟା

ଧନ୍ୟ ସେ ଗୃହ-କାର,
ସୁ ଦୂରେ ଯହିଁ ଗୋ   ବନ୍ଦିନୀ ମୋର
ଜୀବନର ଧ୍ରୁବ-ତାରା ।

ତାହାରି ପ୍ରାଚୀରେ   ବାଜି ହୁଏ ଲୀନ
ରୁଚିର ବଚନ ତାର
ଚତ୍ୱର-ତଳ-   ପାଷାଣ ଲଭେ ତା'
ଚରଣର ଚାରୁଭାର ।

ସେଇ ଅଙ୍ଗନ-   ଗଗନେ ମିଶେ ତା
ଶରୀରର ସଉରଭ
ସେଇ ପରିସରେ   ଲୁଚିଯାଏ ତା'ର
ଚରଣ-ନୂପୁର-ରବ ।

ରୂପ-ଗୌରବ-ଲୀଳା,
ପ୍ରିୟାର ମୋହର   ଲଭି ହେଉଥିବ
ଜୀବନ୍ତ ଗୃହ-ଶିଳା ।

କାରାର କକ୍ଷେ   କ୍ଷୟ ହୁଏ ପ୍ରିୟା-
କଙ୍କଣ କଣ-କଣ
ବହୁଦୂର-ବାସୀ   ଶୁଣିବି କେସନେ
କହ ମୁଁ ତା' ପ୍ରିୟଜନ ?

ଶତକ୍ରୋଶ ଦୂରେ   ଆଉ କେଉଁ ପୁରେ
ବନ୍ଦି ମୁଁ ପ୍ରିୟ ତାର
ପୋଛିବି କେସନେ   କଳା ଆଖିରୁ ତା'
ଆକୁଳ ଲୋତକ ଧାର ?

ଏ କିବା ବିଡ଼ମ୍ବନା,
ଦୁଇ ଦେଶେ ଦୁଇ   ହୃଦ ରଖି କେ ଗୋ
ମିଳନ କରିଲା ମନା ?

ମିଳନ-ବାଧାରେ   ରାଧା ମୋର ସଢ଼େ
ଦୂରେ ରାକ୍ଷସପୁରେ
ମିଳନ ନ ପାଇ   କରେ ହାଇ-ହାଇ
ପ୍ରିୟ ତା'ର ବହୁ ଦୂରେ ।

ଦେବତା କେ ଅଛି   ଦେବନିକି ଦେହ
ମୋହର ମଳୟ କରି
ପ୍ରିୟତମା ପାଶେ   ଉଡ଼ି ମୁଁ ଯାଆଁନ୍ତି
କାରା-ବାତାୟନ ଧରି ।

ଗଣ୍ଡେ ଅଶ୍ରୁ-ଧାର
ପୋଛି ମୁଁ ଦିଅଁନ୍ତି;   ଗୋଟାଇ ରଖନ୍ତି
କପାଳେ ବିନ୍ଦୁ-ଝାଳ !

ଧନ୍ୟ ମୁଁ ହେବି   ପ୍ରିୟା ଯହିଁ ଅଛି
ହେଲେ ତହିଁ ଶିଳା-ତଳ
ତା' ପଦ-ପରଶେ   ପାଷାଣେ ମୋ ହିୟା
ଚମକିବ ଥର ଥର।

କରତଳ ତା'ର   ମୋର ଦେହେ ରଖି
ବସିଲେ ଶରମ ପାଇ
ପ୍ରତି ରେଣୁ ସେହି   ଶିଳାତଳେ କି ଗୋ
ଜୀବନ୍ତ ହେବ ନାହିଁ ?

ଭାଗ୍ୟ ସେ ମୋର କାହିଁ ?
ଜନ୍ମ ମୋହର   ଜୀବନ-ବିରହେ
ଅଶ୍ରୁ ତେଜିବା ପାଇଁ।

ଅଶ୍ରୁ ମୁଁ ତେଜେ   ନିତି ନିଶା-ଶେଷେ
ଜାଣିବ କେସନ ପ୍ରିୟା ?
ଯିବ ହେ କୋକିଳ ?   ଯିବ ହେ ମଳୟ ?
ଜଣାଇବ ମୋର ହିଆ ?

ପ୍ରିୟା ମୋର ଠିଆ   ହୋଇଥିବ କିଆ
କଳିକା ଜୁଡ଼ାରେ ମାରି
କେହି ଜଣେ ଯାଇ   କହନା ବୁଝାଇ
ସୁଖୀ ହେବ ସୁକୁମାରୀ।

କହିବ ତାହାରେ ଡାକି,
'କିଆଫୁଲ ଯାର   ପ୍ରିୟ, ଗୋ ତାହାର
ନିତ୍ୟ ସଜଳ ଆଖି।'

କହିବ ହେ ପୁଣି 'ତୋର ଗୁଣ ଗୁଣି
ନ ସରଇ ତାର ଦିନ
ଯହିଁ ବସେ ଖାଲି ତୋର ନାମ ଲେଖି
ଶୋକ କରେ ତାର କ୍ଷୀଣ।

ତୋର ପରିଧେୟ ଦେହେ ଜାକି ଧରି
ଅସୀମ ସେ ସୁଖ ପାଏ
ତୋର ନାମ ପୁଣି ଖୋଲି ଦେଉଅଛି
ଶରୀରର ଠାଏ ଠାଏ।

ଜାଣି ରଖ ବରାନନି!
ଭୁଲେ ନାହିଁ କେବେ ପ୍ରିୟ ଗୋ ତୋହର
କି ଦିବସ କି ରଜନୀ।'

କିଆଫୁଲ-କଢ଼ି କବରୀରୁ କାଢ଼ି
ଚୁମ୍ବିବ ପ୍ରିୟତମା
ଚାରୁ ଆଖି ଧରି ତିଳ ତିଳ କରି
ସଲିଳ ହୋଇବ ଜମା।

ବଦନ ନଇଁବ ନାସିକା ଫୁଲିବ
ଅଧର ଥରିବ ହେଳେ
ନୀର ପୋଛୁ ଧୀରେ ବଳୟ ବାଜିବ
ପ୍ରିୟାର ପ୍ରଳୟ ବେଳେ।

ମୁହିଁ ତ ନ ଥିବି ତହିଁ,
ଗୁରୁ ଶୋକେ ପ୍ରିୟା ବାତାୟନ ପରେ
ସଧୀରେ ପଡ଼ିବ ନଇଁ।

ମୋ ପାଇଁ ମଳୟ   ପ୍ରିୟାର କପୋଳେ
ବୁଲାଇ ଦେବୁରେ ହାତ
ପୋଛି ଦେବୁ ଧୀରେ   (ଭାଗ୍ୟ ତୋହର)
ଗଣ୍ଡ ଅଶ୍ରୁ-ସ୍ନାତ ।

କୃଷ୍ଣ ଚିକୁର   ବ୍ୟସ୍ତ ଆକୁଳ-
ବକ୍ଷେ ପଡିଲେ ଖସି
ମୋ ଲାଗି ମଳୟ !   ଗତି କରି ଥିର
ସଜାଡିବୁ ଜୁଡ଼ା ବସି ।

ଉପାୟ କି ଅଛି କହ,
ଭୋଗିବାକୁ ହେବ   ସିନା ଏହିପରି
ଦୁହେଁଙ୍କ ଏ ବିରହ ।

ଦୂରବାସୀ ପ୍ରିୟ-   ଉରେ ନିତି ବ୍ୟଥା
ତୁମ ପାଇଁ ବନ୍ଦିନୀ !
ଉପାୟ କି ଅଛି   ନେଇଛି ତ ଆନ
ଶରୀର ତମର କିଣି ।

ରୂପ ତା'ରେ ଦିଅ,   ସ୍ନେହ ମାଗେ ପ୍ରିୟ
ଲକ୍ଷ ଯୋଜନ ଦୂରୁ
ଦିନେ ଦିନେ ଖାଲି   ମଙ୍ଗଳ-ଧୂପ
ମୋ ନାମେ ଉଠୁ ସେ ପୁରୁ ।

ଉପଭୋଗ ପ୍ରଣୟର
ତାହାଠାରୁ ବଳି   ନାହିଁ ପ୍ରିୟତମ
ପବିତ୍ର ମନୋହର ।

■

ଆଷାଢ଼-ଅଭିସାର

(୧)

ଏଇ ଆସେ, ଏଇ ସୁନ୍ଦରୀ ଧୀର ଗମନେ,
ଭେଟିବାକୁ ପ୍ରିୟ ତେଜି ତା'ର ନିଜ ଭବନେ।
କୃଷ୍ଣା ରଜନୀ, ଘନ ମେଘମାଳା ଆକାଶେ,
ବିରଳ ତାରକା, ମେଘ ବିଦ୍ୟୁତ ପ୍ରକାଶେ।
ନୀରବ ନଗର, ଜନହୀନ ରାଜ-ସରଣୀ,
ଘରେ ଘରେ ଦୀପ ନିଭାଇ ଦେଲେଣି ଘରଣୀ।
ଆର୍ଦ୍ର ଧରଣୀ, ଶୀକର-ଶୀତଳ ପବନ,
ଭେକ ଡାକି ଉଠେ 'ଜୀବନ ଆଉ ଗୋ, ଜୀବନ।'
ଭବନ-ପ୍ରଦୀପ ନିଭାଇ ଏକାଳେ ପ୍ରେୟସୀ,
ଏଇ ଆସେ ମୋର ଅଭିସାରେ ସମ-ବୟସୀ।

(୨)

ଚାରୁ ମୁଖ ତାର ଦୂରୁ ଦେଖା ନାହିଁ ଯାଉଛି,
ଛାୟା ଖାଲି ତାର ଶୁଭ ଅଭିସାର କହୁଛି।
ଏଇ ପାଖ ହେଲା, ନୂପୁର ଚରଣେ ଶୁଭିଲା,
କବରୀ-କୁସୁମ ଗନ୍ଧ ମୋ ନାକେ ଲାଗିଲା।
ଆରେ ପଥ-ଘାସ, ପ୍ରିୟା-ପଦ ପ୍ରାସ ପାଇବ,
ନୋଇଁ ଦେବୁ ମଥା ପ୍ରିୟା ଯେବେ ପାଦ ଥୋଇବ।

ଶରୀର ତୋହର କୋମଳ କରରେ ସରଣୀ,
ପ୍ରଥମେ ତା'ପାଦ ଛୁଉଁଛି କଠିନ ଧରଣୀ।
ଆଷାଢ଼-ପବନ, ଲୋଭେ ଚୁମ୍ବନ ପ୍ରିୟାରେ
ଦେବୁ ନାହିଁ; ଭୀରୁ ଥରି ଯେ ଉଠିବ ହିୟାରେ।
ବିଦ୍ୟୁତ୍, ତୁମେ ନିଭୃତେ ରହ ଟିକିଏ,
ଥରେ ଖାଲି ପ୍ରିୟା ଦେଉ ତା' ଅଧର ବିକି ହେ।

(୩)

ନୂପୁର ନୀରବ, ପାଖେ ଏବେ ଠିଆ ପ୍ରେୟସୀ,
ମୋ ଗାଲେ ସୁରଭି ନିଃଶ୍ୱାସ ତାର ବରଷି।
ଘର ଛାଡ଼ି ଏଇ ପରପାଖେ ଠିଆ ତରୁଣୀ,
ପ୍ରେମ ଲାଗି ସେ ତ ଆଷାଢ଼-ଆକାଶ ଡରୁନି।
ଉପରେ ଭୀଷଣ ବାରିଦର ମାଳା ଗରଜେ
ଉତ୍ତରା ବାୟୁ ଉତ୍ତଳ ହୋଇ ତରଜେ।
ନଗର ନୀରବ, ନିର୍ଜନ ସାରା-ସରଣୀ,
ଭେକ-ଝିଂକାରୀ ଚିତ୍‌କାରେ ପୂରେ ଧରଣୀ।
ଏକାଳେ ଏକାକୀ ପଥ ପାଶେ ଉଭା ତରୁଣୀ,
ପ୍ରେମ ଲାଗି ସେ ତ ଆଷାଢ଼-ରଜନୀ ଡରୁନି।

(୪)

"ବନ୍ଧୁ ହେ ମୋର, ଦେଖୁଛ କି ଘୋର ରଜନୀ,
ଏ ରାତିରେ କିପାଁ ଭବନ ଛାଡ଼ିଲ ସଜନି ?"
ପ୍ରିୟା ତହୁଁ କହେ, "ପରାଣ ନ ସହେ ପ୍ରିୟ ହେ,
ତୁମର ବିରହ, ତିକ୍ତ ଲାଗଇ ଗେହ ହେ।
ନାହିଁ ଲାଗେ ମନ କେବେ ହେଲେ ଗୃହ-କରମେ,
ପ୍ରିୟତମ, ଖାଲି ତମ କଥା ଶୁଣେ ମରମେ।
ତେଣୁ ଆଜି ପ୍ରିୟ, ଖୋଜିଲି ବାହାର-ଧରଣୀ,
ତୁମର ଆଲୋକ ପାଇଁ ନେଲି ରାଜ-ସରଣୀ।
ବୁକେ ଅନ୍ଧାର, ଅନ୍ଧାର ପୁଣି ବାହାରେ,
ଆଲୋକ ମାଗିଲେ, ଫେରାଇ ଦେଇଛ କାହାରେ ?"

(୫)

ସୃଷ୍ଟିରେ ଆଜି ପ୍ରଳୟ ହେଉଛି ରଚନା,
ହୃଦୟେ ପ୍ରଳୟ ଭୋଗଇ ମଧୁର-ବଚନା।
ପ୍ରଳୟରେ ପୁଣି ସୃଷ୍ଟିର ହୁଏ ପ୍ରକାଶ,
ବିଦ୍ରୋହେ ହୁଏ ତରୁଣ-ଜୀବନ ବିକାଶ।
ଘର ଛାଡ଼ି ତେଣୁ ଏ ତରୁଣୀ ଆଜି ଆସିଲା,
ପ୍ରାଣ ଭୋଗ ପାଇଁ ବିଦ୍ରୋହୀ ହେଲା ସୁଶୀଳା।
ନୀଡ଼େ ନପାଏ ଯା' ବିହଗ ତା' ବୁଲି ଖୋଜଇ
ନୀଡ଼ ଛାଡ଼ି ତେଣୁ ସୀମାହୀନ ମେଘେ ହଜଇ।
ତେଣୁ ପ୍ରିୟା ମୋର କୁସୁମ କୋମଳା ତରୁଣୀ,
ନ-ପାଇବା-ଧନ ଖୋଜି, ଏ ରଜନୀ ଡରୁନି।

(୬)

"କିବା ମାଗ ମତେ କହ ଥରେ ମଧୁ-ବଚନା"
ପ୍ରିୟା କହେ, "ପ୍ରିୟ, ସ୍ନେହ ଖାଲି ମୋର ଯାଚନା।
ମତେ ଚାହିଁ ଥରେ 'ଭଲପାଅ' ବୋଲି କହ ହେ,
ଆଶ୍ରୟ ପାଉ ତରୁଣୀ ତା' ଗୁରୁ-ବିରହେ।"
କହୁ କହୁ ପ୍ରିୟା ସହସା ମଉନ ହୋଇଲା,
ବିଶାଳ ନୟନୁ ଉଷ୍ଣ ଲୋତକ ବୋହିଲା।
ତାର ଚାରୁମୁଖ ଦୁଇ ହାତେ ଧୀରେ ଧଇଲି,
"କାନ୍ଦନା ପ୍ରିୟେ" ବୋଲି ଭର୍ତ୍ସନେ କହିଲି।
"ଯାହା କିଛି ମୋର ଅଛି ସବୁ ଦେବି ତୁମରେ,
ନିଖିଳ ହୃଦୟ ଢ଼ାଳିବି ଏ କର-କମଳେ।
ଯାଅ ସଖି, ଏବେ ଘରେ ଯାଅ ଫେରି ତରୁଣି,
ନାରୀ ଲାଗି ନୁହେଁ ଜାଣ ଗୋ ଏ ରାଜ-ସରଣୀ।
ଆକାଶ-ବିହାରୀ ମୁହିଁ ଯାଏ ଦୂର ଗଗନେ,
ତୁମେ ଥାଅ ତୁମ ନୀଡ଼ ରଚି ନିଜ ଭବନେ।
ବେଳେବେଳେ ଯେବେ ସଖା ଖୋଜିଉଠେ ପରାଣ,
ଦୂରସ୍ଥ ମତେ ପ୍ରେୟସୀ କରିବ ଧିଆନ।"

(୭)

ବାରିଦ ବାଜିଲା ଗଭୀରେ ଆଷାଢ଼-ଆକାଶେ
ସୁପ୍ତ-ନଗରୀ ହସଇ ଦାମିନୀ ବିକାଶେ।
ଭେକ, ଝିଂକାରୀ ଚିତ୍କାରେ ପୂରେ ଧରଣୀ,
ଭୀଷଣ ବିଜନ ଅନ୍ଧାର ରାଜ-ସରଣୀ।
ପ୍ରିୟାର-ଭବନ ଦୂରେ ଦେଖାଯାଏ ଅଳପେ,
ପ୍ରାବୃଟବାୟୁ ସନ୍ ସନ୍ କିବା ଜଳପେ।
ଚାହିଁ ନିଜ ନୀଡ଼େ ମତେ ଚାହେଁ ପୁଣି ପ୍ରେୟସୀ,
ଧରେ ମୋର କର କୋମଳ-ପରଶେ କରଷି।
ମତେ ଚାହିଁ କହେ "ପ୍ରିୟତମ, ଏକି କର ହେ,
ଭାବନା କି ଖାଲି ଭ୍ରମିବ ମୋର ଏ ବିରହେ?"
ସେ ନୀଡ଼ ଛାଡ଼ିଛି ତମ ନୀଡ଼-ସୁଖ ପାଇଁ କି,
ମତେ ରଖିବାକୁ ପକ୍ଷ ତୁମର ନାହିଁ କି?
କହି ଏହା ପ୍ରିୟା ପରଶେ କଣ୍ଠେ କୋମଳେ
ମୋ ମୁଖ ଲାଗିଲା ସୁନ୍ଦରୀ ମୁଖ-କମଳେ।
ଆଷାଢ଼-ପବନ ସନ୍ ସନ୍ ବହି କହିଲା
"କି କଲା ତରୁଣି! ଦୁଃଖ ଯେ ସାଥୀ ପାଇଲା।"

■

ଏଇ ସହକାର ତଳେ

ଏଇ ସହକାର ତଳେ
ସେଦିନ ପ୍ରିୟାର କର-କଂକଣ ଭିଡ଼ିଥିଲା ମୋର ଗଳେ।
ଚାନ୍ଦିନୀ ରାତି ଉଠିଥିଲା ମାତି
ମଳୟ ପରଶ ପାଇ,
ବନପଖୀ ଦୂରେ କରୁଣ ମଧୁରେ
ଯାଉଥିଲା କିବା ଗାଇ।

ଜ୍ୟୋସ୍ନା ଓ ଛାୟା ରଚିଥିଲା ମାୟା
ଚିତ୍ର ଏ ତରୁତଳେ,
ସହଚରୀ ମୋର ପ୍ରଣୟ-ବିଭୋର
ଭିଡ଼ିଥିଲା ମୋର ଗଳେ,
ଏଇ ସହକାର ତଳେ।

ନଗରେ ପ୍ରଦୀପ ନିଭି ଆସୁଥିଲା
ନିଶୀଥ-ନିଦ୍ରା ପାଇଁ,
ପ୍ରାନ୍ତର ଭରି ଝିଂକାରି କରି
ଉଠୁଥିଲା ସାଇଁ ସାଇଁ।

ଶଂକିତେ ଗୋରୀ ଥର ଥର କରି
ଚଉଦିଗେ ଚାହୁଁଥାଏ,
ପ୍ରତିଥର ମୁହିଁ ସହଚରୀ-ମୁଖ,
ଅଧର-ମଦ୍ୟ ପାଏ,
ଭୟେ, ଭୟେ, ତରତରେ
ଏଇ ସହକାର ତଳେ।

ଦୁହେଁ ଦୁଇଠାରେ ଘନେ ମିଶିବାରେ
ପ୍ରାଣ ମନ ଧରି ଚେଷ୍ଟା,
ଜିଣିବ କେ କାରେ ପ୍ରାଣ ବିକିବାରେ
ଏଥିଲାଗି ଭାରି ନିଷ୍ଠା।
ସକଳ ଜଗତ ଦୂର ଓ ନିକଟ
ପାସୋରି ସେ ମହାକ୍ଷଣେ,
ଶୁଣୁଥାଇ ମହା- ସଂଗୀତ, ପ୍ରିୟା
କଂକଣ କଣ-କଣେ,
ବାଜେ ଯେବେ ତାର କରେ,
ଏଇ ସହକାର ତଳେ।

ପିଆଉ ମଦିରା ଥରେ ସେ ଅଧୀରା
ଚମକିଲା ମୋରେ ବକ୍ଷେ,
ବାହୁପାଶ ତାର ଶିଥିଳିତ କରି
ଚାହିଁଲା ମୋହର ବକ୍ଷେ।
ମୋ ନୟନେ ଚାହିଁ ଅଧର ଥରାଇ
କହିଲା "ମୋ ଆଡ଼େ ଚାହିଁ,
ତମ ଲାଗି ଯେହୁ କଳଂକ ବହେ
ସତେ ତାକୁ ଭଲ ପାଅ ?"
ଉତ୍ତରେ ବାହୁ ଭିଡ଼ିଲି ତାହାର ଗଳେ,
ଏଇ ସହକାର ତଳେ।

ସହକାର ତଳ	ବାୟୁ ଉତ୍‌ଥଳ
ହୋଇଗଲା ପ୍ରିୟା-ଗଂଧେ,
ଶିଥିଳ ଚିକୁର	ଚୁମ୍ବନାକୁଳ
ପଡ଼ିଲା ରୂପସୀ ସ୍କନ୍ଧେ।
ନିଶୀଥ ଜ୍ୟୋତ୍ସ୍ନା	ଧୀରେ କଲା ମନା
ପ୍ରାନ୍ତରେ ରହିବାକୁ,
ମଳୟ କହିଲା	ମଦିରା ସରିଲା ?
ଯାଅ ତେବେ ଶୋଇବାକୁ।
ମିଶିବ ତ କେତେ ଥରେ,
ଏଇ ସହକାର ତଳେ।

ସହକାର ତଳ	ଆଉ କେତେ ଥର
ଦେଖିଲା ଆମ୍ଭ ରାସ ?
ଜ୍ୟୋତ୍ସ୍ନା ନିଶାରେ	ଦେଖିଲା କି ଆଉ
ଉଡ଼ିବାର ପ୍ରିୟା-ବାସ ?
ମିଳିନାହୁଁ ଆଉ,	ମିଶି ନାହିଁ ବାହୁ
ରୋମାଞ୍ଚ କରି ଜାତ,
ଦୁହେଁ ଦୂରେ ଦୂରେ,	ଭିନ୍ନ କରିଛି
ସମାଜ ଦଣ୍ଡ-ଘାତ।
ଭେଟି ନାହୁଁ ତାହା ପରେ,
ଏଇ ସହକାର ତଳେ।

ଜ୍ୟୋତ୍ସ୍ନା ରଜନୀ	କେତେ ଥିବ ପାହି
ସେଦିନୁ ତୋହର ଶିରେ,
ପଲ୍ଲବ ତୋର	ଉଠିଥିବ ଥରି-
କେତେ ବାର ପିକ-ଗିରେ,
ଚୂତ ! ତୋର ତଳେ	ପୁଣି କେତେ କରେ
କଂକଣ ଥିବ ବାଜି,

ଚୁମ୍ବନ-ରାଗେ ହୋଇଥିବ କେତେ
ନାଗରିକା ଓଠ ମାଜି ।
ବାହୁ ଭିଡ଼ିଥିବ ଗଳେ,
ଏଇ ସହକାର ତଳେ ।

କହ ଚୂତ ! କହ ସେପରି କି ଆଉ
ଦେଖିଛୁ କାହାରେ ଚକ୍ଷେ,
ଗୁରୁ ସୁରାମୟ ସେପରି ପ୍ରଣୟ
ଗଭୀର କାହାର ବକ୍ଷେ ?
ପ୍ରିୟା ସମ ମୋର ପୀରତି-ବିଭୋର
ଦେଖିଛୁ କାହାରେ ଆଉ ?
ନିବିଡ଼େ ସେପରି କହ ପ୍ରିୟେ ଧରି
ବାନ୍ଧିଛି କିଏ ବାହୁ ।
ମିଶିଅଛି ପ୍ରାଣ ତଳେ
ଏଇ ସହକାର ତଳେ ।

ସାକ୍ଷୀ ତୁ କହ ମୋହର ପ୍ରଣୟ
ସମାନ ଜଗତେ ନାହିଁ,
ମୋର ପ୍ରିୟା ସରି ନାହିଁ ସୁନ୍ଦରୀ
ନାହିଁ ବା ପ୍ରଣୟ-ଦାୟୀ ।
କ୍ଷଣକର ସୁଖେ ଦରିଦ୍ର ମୁହିଁ
ସମ୍ରାଟ ହୋଇ ଉଠେ,
କେହି ପାଇନାହିଁ ଦଣ୍ଡେ ଯା' ଦେଲା
ପ୍ରିୟା ମତେ ଓଠ-ପୁଟେ ।
ସେ କଥା କହ ତୁ ଥରେ,
ଏଇ ସେହି ତୋର ତଳେ
ଭୁଲିଯିବି ମୁହିଁ, ପ୍ରିୟା ନ ଦେଖିବା-
ଦୁଃଖ ଏ ଜୀବନରେ ।

■

ବିରହୀ

ଦୂରେ ଦୂରେ ଦୂରେ
ପରାଣ-ପ୍ରିୟା ରହିଲା ଯାଇ
କାହାର ଅନ୍ତଃପୁରେ ।
ଜୀବନ ସାରା ଅଗ୍ନିଜଳେ
ବିରହୀର ଏ ବକ୍ଷ ତଳେ
କପୋତ ପରି
ଚିତ୍ତ ମୋର ଝୁରେ,
ଦୂରେ ଦୂରେ ଦୂରେ ।

ଏକା ଏକା ଏକା
ମୋ ଲୁହ ମୋର ହାତରେ ପୋଛି
ଭୂଇଁରେ କାଟେ ରେଖା ।
ତା ଛଡ଼ା ମୋର ପ୍ରିୟା ଯେ ନାହିଁ
ନୟନ ମୋର ପୋଛିବା ପାଇଁ
ନାହିଁ ଯେ ହୁଏ
ସେ ପ୍ରିୟା ସାଥେ ଦେଖା,
ଏକା ଏକା ଏକା ।

ପ୍ରିୟା ପ୍ରିୟା ପ୍ରିୟା
ଯହିଁ ମୁଁ ଯାଏ, ଯହିଁ ମୁଁ ଥାଏ
ଡାକଇ ମୋର ହିୟା ।
ପ୍ରିୟା ଯେ ମୋର ସୁଦୂର ଭୂମେ
ଆଉ କା ଓଠ ନୀରବେ ଚୁମେ
କୁଣ୍ଠିତରେ କରଇ ଓଠ-ପିଆ,
ପ୍ରିୟା ପ୍ରିୟା ପ୍ରିୟା ।

ସଖି ସଖି ସଖି,
ତୁମରି ଲାଗି ଆଉ କା ପ୍ରେମ
ପାରୁ ନାହିଁ ମୁଁ ରଖି ।
ତୁମେ ତ ଗଲ ଅନ୍ୟ ସାଥେ
ମୋ କାଳ ମୁହିଁ କିପରି କାଟେ,
କଲୁ ଯେ ମତେ ନଷ୍ଟ-ନୀଡ଼ ପଖୀ,
ସଖି ସଖି ସଖି ।

ହରି ହରି ହରି,
ଜୀବନ ମୋର ଭୋଗିବି ସିନା
ଦଗ୍ଧ ବୃକ୍ଷ ପରି ।
ଯେ ଯାହା ପ୍ରିୟା ରହିଲେ ନେଇ
ମୋ ପ୍ରିୟତମେ କାହାରେ ଦେଇ
ଏକଲା ବୁଲେ
ଦିବସ ଶର୍ବରୀ,
ହରି ହରି ହରି ।

କହ କହ କହ

ପ୍ରଣୟ ଦେଇ   ବିରହ କିପାଁ

ଭୋଗିଲି ଅହରହ !

ସ୍ରଷ୍ଟା ତୋର ବିଚାର ନାହିଁ,

କାହାର ସୁଖ ଥୋଇଲୁ କାହିଁ,

ଜୀବନ ମୋର,

କରିବୁ ଦୁର୍ବିସହ,

କହ କହ କହ।

■

ବସନ୍ତ-ବିରହୀ

ବସନ୍ତେ ଆଜି ପ୍ରିୟା ମୋର ନାହିଁ ପ୍ରିୟା
ବହୁ ଦୂରେ ସେ ତ ବନ୍ଦିନୀ ପରକୀୟା ।
ମଳୟ ପବନ ତେବେ ଅକାରଣ
ବୋଲି କାଁଦେ ମୋର ହିୟା,
ବନ୍ଦିନୀ ଯଦି ପ୍ରିୟା ।

ମନ୍ଦାର ତେବେ ଫୁଟିଲା କିପାଇଁ ଆଜି,
ତା ଘେନି କାହାର କବରୀ ମୁଁ ଦେବି ସାଜି ?
ତୁଳନା ତାହାର ସଙ୍ଗେ କାହାର
ଅଧର ହୋଇବ ଆଜି,
ଫୁଟିଲା କିପାଁଇ ବନେ ମନ୍ଦାର ରାଜି ?
କନକ-ଚମ୍ପା ବନେ କିପାଁ ବିକଶିଲା,
ବାସ ତୁଳିବାକୁ ନାହିଁ ପାଶେ ଚାରୁଶୀଳା,
ଯୋଜନଗନ୍ଧା କା'ପୁରେ ବନ୍ଧା
ସୁରଭାଇ ଗୃହଶିଳା,
କନକ-ଚମ୍ପା ଏଥି କିପାଁ ବିକଶିଲା ?

ବନେ ଏତେ ଫୁଲ ଫୁଟିଲା କିପାଇଁ କହ,
ପ୍ରାଣ ଯଦି ଯାଏ ଭୋଗି ଭୋଗି ଏ ବିରହ।
ପ୍ରିୟା ଯଦି ଦୂରେ ମୁହିଁ ଏଥି ଝୁରେ
ମୁଖ ତାର ଅହରହ,
ବନେ ଏତେ ଫୁଲ ଫୁଟିଲା କିପାଇଁ କହ ?
ପ୍ରିୟା ଥିଲେ ପାଶେ ଚଟୁଳ ତା' ମୁଖ ଧରି,
ଫୁଲ୍ଲ ବକୁଳେ କବରୀ ଦିଅଁତି ଭରି,
ବକୁଳରୁ ମହୁ ଚାଟୁ କରି ବହୁ
ଚଖାଁତି ଆଦର କରି,
ପ୍ରିୟା ଥିଲେ ପାଶେ ଚଟୁଳ ତା' ମୁଖ ଧରି।

କୁଂକୁମ ଆଉ ପଡ଼ି କି ରହଁତା ଡାଳେ,
ବିଂଦୁ ରଚନା କରି ମୁଁ ଦିଅଁତି ଭାଲେ,
ବକ୍ଷରେ ତାର ଚିତ୍ର ତିଆରି
କରଁତି ମୁଁ ସେହି ଗାରେ,
କୁଂକୁମ ଆଉ ପଡ଼ି କି ରହଁତା ଡାଳେ ?
କେତକୀ-କଳିକା ଜୁଡ଼ାରେ ଦିଅଁତି ମାରି,
କହଁତି ମୁଁ ହସି ଆଜି ମୁଖ-ଶଶୀ
ସଜାଇବି ଭଲକରି।

ଚାହଁତା ପ୍ରେୟସୀ ମୁଖେ ମତେ ଲାଜ ଛାଡ଼ି,
କେତକୀ ତେଣୁ ମୁଁ ଜୁଡ଼ାରେ ଦେଲି ଗୋ ମାରି।
ପ୍ରିୟା କାହିଁ ଆଜି, ବସନ୍ତେ କାହିଁ ପ୍ରିୟା,
ବନ୍ଦିନୀ ଦୂରେ ପର ପୁରେ, ଘାରି ହିୟା
ତେବେ ମଧୁମାସ, ଖାଲି ପରିହାସ
ବୋଲି କହେ ମୋର ହିୟା,
ପ୍ରିୟା ନାହିଁ ପରା, ପ୍ରିୟା ନାହିଁ ପାଶେ ପ୍ରିୟା।

ମଧୁମାସ ଦେଇ ବଧୂ ପାଶେ ନାହିଁ ଦେଲା,
ସ୍ରଷ୍ଟାର ଏ କି ନିଷ୍ଠୁର ଅବହେଳା,
କାରେ ସାଥେ ଧରି   ମନଭରା କରି
        ଅବିର କରିବି ଖେଳା,
ମଧୁମାସ ଦେଇ ବଧୂ ପାଶେ ନାହିଁ ଦେଲା ।

ସକଳେ ମାତିଲେ ପ୍ରାଣ-ପୂରା ଅନୁରାଗେ,
ନିଖିଳ ବିଶ୍ୱେ ମିଳନ-ଗନ୍ଧ ଜାଗେ,
ମୁହିଁ ଏକା ଖାଲି   ପ୍ରଣୟ ଭିଖାରୀ
        ବିଫଳେ ଭିକ୍ଷା ମାଗେ,
ସକଳେ ମାତିଲେ ପ୍ରାଣ-ପୂରା ଅନୁରାଗେ ।

ପ୍ରିୟା! ଯହିଁ ଅଛି ବସନ୍ତ ଆସିଥିବ,
ବିରହରେ ସେ ତ ଡାକୁଥିବ ଶିବ ଶିବ,
ମଳୟ ସମୀର   ନୟନର ନୀର
        ବହି ଗୁରୁ ହେଉଥିବ,
ବିରହରେ ସେ ତ ଡାକୁଥିବ ଶିବ ଶିବ ।

ଦୁହେଁ ଦୁଇ ଦେଶେ, ବ୍ୟର୍ଥ ଏ ମଧୁମାସ,
ପ୍ରଣୟ ପାଇଁକି ନ ମିଳିଲା ଅବକାଶ,
ବିଧାତା କହ ତ   କିଁପା ଅବିରତ
        ଜଗତେ ଏ ପରିହାସ,
ପ୍ରଣୟ ବିହିନେ ଗଲା ଚାଲି ମଧୁ ମାସ ।

∎

ମୌନ-ବିଦାୟ

ବିଦାୟ ବେଳ ଯେବେ ଆସିଲା ସଖି,
ରହିଲ କିପାଁ ତୁନୀ; ନୟନ ରଖି
ଧରଣୀ ତଳେ। ନଖେ କାଟିଲ ଗାର,
ଚିବୁକ ଓଦା କଲା ନୟନ-ଧାର।

'ବିଦାୟ ଦିଅ ମତେ ଯାଉଛି ମୁହିଁ'
କିପାଇଁ ନ କହିଲ ଭଲା ସୁମୁହିଁ।
ମଉନ ରହି ଯାହା କହିଛ କଥା,
ପ୍ରିୟରେ ତବ ଚିର ଦେଉଛି ବଥା।

'ଯାଉଛି' ବୋଲି କହି ପାରିଲା ନାହିଁ
ଯେହ୍ନୁ, ତାହାରେ ମନୁଁ କେହ୍ନେ ଭୁଲାଇ!
ଯାଇ ସେ ନଯାଉଛି; ରହିଛି ବୁକେ
ବିଦାୟ ଦେଇ ନିତି ଦେଖେ ତା' ମୁଖେ।

■

ପ୍ରଣୟୀ

ବକ୍ଷଭରା ଏ ପ୍ରଣୟ ମୁଁ କାରେ ଦେବି ଗୋ,
ବଡ଼ ଉଚ୍ଚାଟ କରେ ମତେ ଦିନ ରାତି,
ଅଶ୍ରୁ ନିଭାଇ, କାହାର ଚରଣ ସେବି ଗୋ
ସକଳ ଲୋମ ମୋ ପୁଲକିବ ଡାକି 'ସାଥୀ'।

ପିଆଲା ଉବୁରି ଉଚ୍ଛୁଳେ ମମ ଜୀବନ,
କାହା କର-ପୁଟେ ଢାଳିଦେବି ସଖା-ସୋହାଗେ,
କାହାରେ ପାଇ ମୁଁ ଭୁଲିଯିବି ଜରା-ମରଣ,
ଜୀବନ ଲାଗିବ ମଧୁର, ଗଭୀର-ସରାଗେ।

ବସନ୍ତ ଆଜି ମଧୁର କରିଛି ଧରଣୀ,
ମଳୟ-ମତ୍ତ ଚୁମ୍ବି କୁସୁମ-ସୁରଭି,
ଆମ୍ର-ବକୁଳ-ମଦାଳସା ପିକ-ରମଣୀ
ପ୍ରଣୟୀ ପାଇଁକି ଛାଡ଼ିଛି ମତୁଆ ପୂରବୀ।

ବାତାୟନ ଦେଇ ଗନ୍ଧ-ବିଧୁର ଦଖିଣା
ପରଶି ଅଙ୍ଗ, ଥରାଏ ନିଖିଳ ଛାତି,
ଅନ୍ତର-ପୁରେ ଖୋଜଇ ତରୁଣୀ ନବୀନା
ଏ ମଧୁର କାଳେ ଲୁହ-ଚିହ୍ନରା ସାଥୀ।

ତରୁଣୀ ଜୀବନ ଝରଇ ପରା ଗୋ ଲୋତକେ
ଆଦ୍ୟ-ମଳୟେ କାନ୍ଦେ ମୋ ବୁକୁ-ଷୋଡ଼ଶୀ,
ସେ ଚାହେଁ ଜୀବନ ବିକିଦେବ କଥା ପଦକେ
କହିବ ଯେ ଖାଲି "ତୁମରି ମୁଁ ସମବୟସୀ।"

"ବସନ୍ତେ ଆଜି କେ ଅଛ ଆସ ଗୋ ନାଗର
ପ୍ରଣୟବିଧୁରା ତରୁଣୀର ନେବ ସୁଆଗ,
ତବ ଅବଗାହେ ଧନ୍ୟ ହେଉ ଏ ସାଗର
ତୁମରି ଶ୍ରବଣେ ଧନ୍ୟ ହେଉ ତା ବେହାଗ।"

x x x

ସନ୍ଧ୍ୟା ଯେ ହେଲା, ନଇଲେ ତ କେହି ପ୍ରଣୟୀ,
କ୍ଳାନ୍ତ-କଣ୍ଠ କୋକିଳ ଚଳଇ ନୀଡ଼େ,
ଦିଗନ୍ତେ ଦିଗ-ମଧୁରା ମଳୟ ଚଳଇ
କେଳି-ସାଥୀ ଘେନି ହଂସ ଫେରଇ ତୀରେ।

ଅଗଣ-ସନ୍ଧ୍ୟା ଯାପିଛି ଏକାକୀ ଦୀନ ମୁଁ
କେହି ନ ଆସିଛି କଣ୍ଠେ ମୋ ବାହୁ ଭିଡ଼ନେ,
ମରଣ ନିକି ଗୋ ସୁଖର ଏ ଘୋର-ସରମୁଁ
ସାଥୀ-ସଙ୍ଗାତ କାହାର ନାହିଁ ଏ ଭୁବନେ?

ଜଣ ଜଣ କରି ବରି ମୁଁ ଆଣିଛି ଦେବତା
ଜଣ ଜଣ କରି କହିଛି ବୁକୁରେ ଥିଲା ଯା,
ଜଣକର ହେଲେ ନ ହେଲା ମୋଠାରେ ମମତା
ସକଳେ ତେଜିଲେ ଦୀନ ଦରିଦ୍ର ପରି ଯା!

କେତେ ଥର ଆହା ବୁଝାଇଲି ନିଜେ ନିଜରେ-
"ଅପଦାର୍ଥର ବାନ୍ଧବ କାହିଁ ଜଗତେ?"
ଗୁମରି ବିଳପେ ବୁକୁ-ବଧୂ ଅଭିମାନରେ
"କିପାଁ ତେବେ ବିଧି ଦେଲା ଏ ବିଳାପ ରକତେ?"

ପରିହାସ ସେ ଗୋ, ବଡ଼ ପରିହାସୀ ଦଇବ
ଲୁହ ରଖି ଲୁହ ପୋଛିବାର ନାହିଁ ବିଧାନ,
ପତିତର କିପାଁ ଦେବ-ଭୋଗ ଆଶା ହୋଇବ
ନିଜ ଇଚ୍ଛାରେ ବିଧାତାର ସବୁ ଭିଆଣ !

ସବୁ ଭିଆଣରୁ ପୀରତି-ଭିଆଣ ଜଟିଳ
ବିଳପି ବସିଲେ ବୋଧିବାର ଲୋକ ନଥାଏ,
କଠିନ ଆହୁରି ବାନ୍ଧିବା ଲୁହ ଆଖିର
ଯେତେ ପୋଛ, ପୁଣି ସେତିକି ଗୋ ବୁକୁ ବଥାଏ

x x x

ସକଳ ସନ୍ଧ୍ୟା ପରି ମୁଁ ଆଜି ଗୋ ବିଳପେ,
ବସନ୍ତେ ଏଇ ନବଜାତ-ଘାସ-ଆସନେ,
ଅଙ୍ଗ ଚାହେଁ ଏ କାନ୍ତ-କୋମଳ ତଳପେ
ଆରେକ ଦେହର ସରସ ନିବିଡ଼ ମିଳନେ ।

ବନ୍ଧୁ କେ ଚାହ, ଅଭିସାର କର ଏଠାବେ
ବାସକ-ସଜ୍ଜା ରଚିବି ମୁଁ ସାରା ଯାମିନୀ,
ଆସ କେ ଆସିବ, କବରୀ-କୁସୁମ-ପରାଗେ
ଉଦ୍‌ବେଳ କରି ହୃଦୟ ଏ ବର-କାମିନୀ !

ତରୁଣ ଆସିଲେ କଂକଣଧ୍ୱନି ଶୁଣିବି
ତରୁଣୀ ଆସିଲେ ନୂପୁର ବାଜିବ ଅଦୂରେ,
ତରୁଣ ଆସିଲେ ଗୀତେ ତାର ଗୁଣ ଗୁଣିବି,
ତରୁଣୀ ଆସିଲେ ତୋଳି ନେବି ତାକୁ ବୁକୁରେ ।

ଯେ ଆସିବ ଆସୁ, ନିଃଶେଷ କରି ପାତ୍ର
ପିଆଇବି ତାକୁ ସରସ ଜୀବନ-ମଦିରା,
ସାଥୀ ଖୋଜେ ଆଜି ପ୍ରାଣ ମୋର, ଏ ମୋ ଗାତ୍ର
ଉତ୍‌ପ୍ଲାବି ଉଠେ ରସର ତଟିନୀ ଗଭୀରା ।

■

ବିରହ

ମିଳନର କାଳେ   ଯେତେ ପାଖେ ଆସ
    ଥାଏ ଦେହ ବ୍ୟବଧାନ,
ବିରହରେ ପ୍ରିୟେ !   ହୋଇଅଛି ଆଜି
    ଶରୀରର ଅବସାନ ।

ଶୋଣିତର ସ୍ରୋତେ   ସାରା ଦେହେ ଆଜି
    ତୁମର ପରଶ ପ୍ରିୟା,
ଦେହମୟ ଆଜି   ହୋଇଅଛ ତୁମେ
    ଆବରି ରହିଛ ହିୟା ।

ବାହାରେ ଭିତରେ   ସବୁଆଡେ ତୁମେ-
    ଅଭିନବ ଅନୁଭବ,
ନିଜ ଦେହେ ଯାକି   ପାଉଛି ବିରହୀ
    ମଧୁର ପରଶ ତବ ।

ଯହିଁ ଯାଏଁ ମୁହିଁ   ଯହିଁ ଅବା ଥାଏଁ
    ମୋର ଏ ପରାଣ ତଳେ,
ବୀଣା-ତାର ତଳେ   ମଧୁଗୀତ ସମ
    ତୁମରି ଛାୟାଟି ଚଳେ।

ସବୁକାମ ତଳେ   ତୁମ କଥା ସଖି
    ବାଜୁଥାଏ ରହି ରହି,
ଆଖି ଯାହା ଦେଖୁ,   ମନ ଭାବୁଥାଏ
    ଦିନେ ଗୋ କି ଥିଲ କହି।

ବିରହ-ବିଧୁର   ବିରହ ମଧୁର
    ଭାବେ ମୋ ବିରହୀ ହିୟା,
ବିରହ ଯେ ଦେଲା   ଯୋଗ, ଭୋଗିବାକୁ
    ଦେହ ସାରା ମୋର ପ୍ରିୟା।

∎

ବର୍ଷା-ବିରହ

(୧)

ଆଷାଢ଼ୀ ପ୍ରାତେ କୃଷ୍ଣ ଆକାଶ ତଳେ
ପରାଣେ ଯେତେ ଦରଜ ଉଠେ ଫୁଟି,
ପାଉଛି କାହିଁ ପରାଣ-ପ୍ରିୟ ମମ
ଯାହାର କାନେ କହିବି ମୁଖ ତୁଟି ।

ସରମ ନିକି ଲାଗିବ ମତେ ତିଳେ
ସକଳ ଆଗେ କହିବି ମୋର ବଥା,
କାହାର ଅବା ଗରଜ ଅଛି କିସ
ଶୁଣିବ ବସି ମୋହର ଦୁଃଖ-କଥା ।

ପ୍ରିୟ ଯେ ସିନା ତା' ପାଶେ କହି ଆସେ
ପ୍ରାଣର ଯେତେ କ୍ଷୁଦ୍ର ଅଳିଦୁଳି,
ପର କି ତାହା ବୁଝିବେ କେବେ ହେଲେ
କହିବେ- 'ଆହେ, କି କହ ନିଆଁ ଚୁଲି !'

ମରମ କଥା   ମରମୀ ସିନା ଜାଣେ
ସାଥିରେ ନାହିଁ ମରମୀ ମୋର ପୁର,
କେସନେ କହ   କାଟିବି ଏଇ କାଳ
ଆସାର-ଓଦା ମେଦୁର-ମଂଜୁଳ ।

(୨)

ମେଘୁଆ ଦିନେ   ବୃଷ୍ଟି-ମୁଖର କାଳେ
ମନଟା କିପାଁ ହୁଅଇ ଛଳ ଛଳ,
ପରାଣ ଖୋଜେ   ଆହୁରି ଏକ ପ୍ରାଣ,
ହସ୍ତ ଲୋଡ଼େ ଆଉ କା' କରତଳ ।

ଏପରି ଏକ   ଆଷାଢ଼-ବୃଷ୍ଟି ଭରା-
ସକାଳେ ପ୍ରାଣ ଉଠିଲା ଯେଣୁ ଥରି,
ମନ୍ଦାକ୍ରାନ୍ତେ   ଗାଇଲେ କାଳିଦାସ
ପ୍ରୋଷିତଭର୍ତ୍ତା ପିୟାରେ ଅନୁସରି ।

ଦରଜ ସେଇ   ବାଜଇ ପ୍ରାଣେ ମମ
ଆଜି ଯେ ଏଇ ବର୍ଷା-ମୁଖର ପ୍ରାତେ,
କେଉଁ ପ୍ରିୟାରେ   ଦେବି ମୁଁ ସନ୍ଦେଶ
ଜଳଦ ସମ କେଉଁ ବା ଦୂତ ହାତେ ?

ମୋ ପାଇଁ କେହି   ପ୍ରିୟା ତ ନାହିଁ ବସି
କରଜ-ଗାରେ ବିରହ-ରାତି ଗଣି
ଦରଜ ମୋର   ଶୁଣିବ କିଏ କହ,
ଉଠିଲା ଯଦି ହୃଦୟ ରଣରଣି ।

(୩)

ବୃଷ୍ଟି ଧାରା ପଡଇ ଅବିରତ
ଦୂର୍ବାଦଳ ପଡଇ ନଇଁ ଲାଜେ,
ବର୍ଷା, ଘାସ ଆଲିଙ୍ଗନ ଦେଖି
ପରାଣେ ମମ ବ୍ୟଥାର ବୀଣା ବାଜେ।

ଶୀକର-କଣା ଛିଡ଼ିକି ଗବାକ୍ଷରେ
କପାଳେ ମୋର ମୁକ୍ତାସମ ଲାଗେ,
ପାଖରେ ମୋର ନାହିଁ ଯେ ପ୍ରାଣର ସଖୀ
ଦେଖିବ ତାହା ପରମ ଅନୁରାଗେ।

ଜଳଦ ଡାକେ ଶୁଣିଛି ଏଇ ଦିନେ
ଫୁଟଇ ଉଠି କଦମ୍ବ-ମୁକୁଳ,
ଆଷାଢ଼େ ମୋର ବ୍ୟଥିତ ନିଃଶ୍ୱାସେ
ଗଣ୍ଡ କା'ର ହେବନି ବ୍ୟାକୁଳ?

ସାଥୀ ତ ନାହିଁ ଆଜି ଏ ଆଷାଢ଼ୀ ପ୍ରାତ
କଟିବ ସିନା ବ୍ୟଥିତ ନିଃଶ୍ୱାସେ,
ଦରଜ ମୋର ହୃଦୟେ ଉଠି ମରୁ
ଚାହିଁ ମୁଁ ରହେ, ଆଷାଢ଼ ଆକାଶେ।

■

ମନେ କି ଥାଏ ?

ଯହିଁ ମୁଁ ଥାଏ ବା ଯହିଁ ମୁଁ ଯାଏ
କାନେ ବାଜେ ତବ 'ମନେ କି ଥାଏ'
ହେ ପ୍ରିୟତମ,
ସ୍ୱପନେ ଶୁଣିବା ମୂରଲି ସମ ।

ଓଠ ଧରି ଛୋଟ ଚଟୁଳ ହାତେ
ନୟନ ମିଶାଇ ନୟନ ସାଥେ
ପଚାରିବାର
ପାଶୋର ଜୀବନେ ଯିବ କାହାର ?

ପଚାରିବା ସେଇ 'ମନରେ ଥାଏ'
ବାହୁଲତା ରଖି ଏ ମୋର କାୟେ
ନିବିଡ଼ କରି
ନିଦାଘ ରଜନୀ ଜ୍ୟୋସ୍ନା ସରି ।

ଗୋଟିଏ କଥାରେ କେତେ ସେ କଥା
କହି ବିରହୀର ହରିଲା ବ୍ୟଥା
ଜାଣ କି ପ୍ରିୟେ
ସ୍ମରିଲେ ପରାଣେ ଅମିୟ ଦିଏ।

ସେଇ ଓଠ-ଧରା ଚଟୁଳ କରେ
ଅଙ୍ଗୁଳି ଲାଜ-ଆଦରେ ଥରେ
ପଚାରିବା ସେ
'ମନରେ କି ଥାଏ' ଚାହିଁ ମୋ ଆଶେ।

ସବୁ ମନେପଡ଼େ ସବୁ ଗୋ ପ୍ରିୟା,
ଏ ମାନ କି କେବେ ଭୁଲେ ଗୋ ହିୟା,
ଭୁଲି କି ତାରେ
ଯେ ରାଣୀର ଏତେ ଦୟା ମୋ ଠାରେ ?

ମନରେ ଥାଅ ଗୋ, ମନରେ ଥାଅ,
ତମେ ପୁଣି ମନୁ ପାଶୋର ଯାଅ ?
ହେ ପ୍ରିୟତମ,
ମିଶି ଯେ ଯାଇଛ ଚିତ୍ତେ ମମ।

■

ପ୍ରଣୟ-ଗର୍ବ

ସକଳେ କରନ୍ତି ଗର୍ବ ପ୍ରିୟ-ପ୍ରିୟା ଘେନି
ମୋ ଆଗେ। ତା’ ଶୁଣି ପ୍ରିୟେ ମୋର ଆଖି ବେନି
ଛଳଛଳ ହୋଇ ଆସେ ଗୁରୁ ଅପମାନେ।
ମୋର କି ବାନ୍ଧବୀ ନାହିଁ? ସ୍ନେହ-ଅଭିମାନେ
ଚଟୁଳ-ଶ୍ରୀକରେ ଧରି ଓଠ ମୋର ସ୍ନେହେ
ସନ୍ନିଧିରେ କଣ୍ଟକିତ କରି ମୋର ଦେହେ,
ମତେ କେ କି କହି ନାହିଁ, “କ୍ଷମାକର ମତେ;
ରାଣ ମୋର, ରାଗ ଛାଡ଼, କଥା କହ” ସତେ ?

ମତେ କେ କି ବରାନନୀ ବ୍ରୀଡ଼ାନତ ମୁଖ
ଧୀରେ ତୋଳି, ନୟନେ ମୋ ଦେଇ ମହାସୁଖ,
କର୍ଣ୍ଣମୂଳେ ଲଜ୍ଜାବତୀ ଓଠ ରଖି ତାର
ପଚାରିନି ‘ଭଲପାଅ’ ବୋଲି ବାର ବାର ?

ତୁମେ ତାର ସାକ୍ଷୀ ପ୍ରିୟେ ! ଦୂରେ ବହୁଦୂରେ
ଅଛ ଯାଇ ଗଣ୍ଡବନେ ବନ୍ଦିନୀ କା’ ପୁରେ।
ପ୍ରିୟ-ଅଭିମାନୀ ଏଇ ଇତରଙ୍କ ଆଗେ
କେମନ୍ତେ ଦେଖାଇ ଗର୍ବେ ମୋର ଅନୁରାଗେ ?

କେମନ୍ତେ ଜଗତ ଆଗେ କହିବି ଶୁଣାଇ
ତବ-ମମ ପ୍ରେମ ସମ ନାହିଁ ପ୍ରେମ ନାହିଁ !
କେମନ୍ତେ ଜନତା ଆଗେ କହେ ଗର୍ବ କରି,
ମୋ ପାଇଁ ସୁଦୂରେ କାନ୍ଦେ ପରମା ସୁନ୍ଦରୀ ।

ଗୃହ କର୍ମ ତେଜି ତାର, ବାତାୟନ ପାଶେ
ପ୍ରାଣର ପ୍ରାର୍ଥନା ଲୁହେ ଦେଇ ମୋହ ଆଶେ ।
ଭାବେ ପୁଣି, ଗର୍ବ ପଛେ କରନ୍ତୁ ଇତର,
ଭାବନ୍ତୁ ପଛକେ ମତେ ଅକିଞ୍ଚିତକର;

ତୁମରି ମୋହରି ମଧ୍ୟେ ତୁମ ମୋର କଥା
ରହୁ ପ୍ରିୟେ, ନଜାଣୁ ତା' ଇତର ଜନତା ।
ସଂସାର ତା' ଗର୍ବ ନେଇ କରୁ ତା ବିଚାର,
ତୁମ ବକ୍ଷ ତଳେ ମୋର ସକଳ ସଂସାର ।

■

ରାସସ୍ଥଳୀ

ପଥିକ, ଯେ ପଥେ ଚାଲ
ସେହି ପଥେ ଜାଣ ପ୍ରଣୟିନୀ ଏକ
ରଚିଥାଇ ଅଭିସାର !

ଚରଣ-ପରଶେ ତାର,
କଠିଣ-ସରଣୀ-ପାଷାଣ ଅଙ୍ଗେ
ଉଠୁଥାଇ ଶୀତ୍‌କାର ।

ତା ଜୁଡ଼ା-ଗନ୍ଧ ପାଇ
କ୍ଷୁଧିତ ମଳୟ ଭୋଜନ ଶରମେ
ଉଡ଼ି ଯେ ପାରଇ ନାହିଁ ।

ଶରୀର-ଆଲୋକ ତାର
ଘୋଡ଼ାଇ ନପାରି ଲଜ୍ଜିତ ହୁଏ
ରଜନୀ ଅନ୍ଧକାର ।

ଶଂକିତେ ଯେବେ ଆସେ
ସାରା-ପଥେ ପରା ସେ ପ୍ରିୟତମାର
ରୂପ ଓ ଗନ୍ଧ ଭାସେ।

ପଥ-ପାଶେ ସହକାର
ପ୍ରିୟା ଆଉ ପ୍ରିୟ ମିଳନ ପାଇଁକି
ଦିଏ ତା ଅନ୍ଧକାର।

ଏଇ ସହକାର ତଳେ
ଏଇ ପଥ ପାଶେ ଭିଡ଼ିଥିଲା ବାହୁ
ପ୍ରିୟା ତ ପ୍ରିୟର ଗଳେ।

ତଳେ ଏଇ ପଥ-ଘାସ
ଉପରେ ତାରକା ମନେ ରଖିଛନ୍ତି
ସେ ପ୍ରିୟ-ପ୍ରିୟାର ରାସ।

ପ୍ରଣୟ କି କଥା ଜାଣ ?
ତେବେ କି ପଥିକ ଏ ଚାଲିବା-ପଥେ
ନ କରିବ ସମ୍ମାନ ?

ଏପଥର ରେଣୁ ତଳେ,
ମନେରଖ ଏକ ରୂପସୀ ପ୍ରିୟାର
ପ୍ରଣୟ ନିତ୍ୟ ଥରେ।

ଏଇ ସହକାର ତଳେ
ମନେରଖ ଏକ ସୁନ୍ଦରୀ ଦେଲା
ପ୍ରାଣ ତାର ପ୍ରିୟ-କରେ।

ଏ ସରଣୀ-ରେଣୁରାଶି
ଖୋଜୁଛନ୍ତି ଆଜି-କାହିଁ ଗଲା କାହିଁ
ସେ ଦିନ ମତ୍ତକାଶୀ ?

ପଥିକ, ଏ ସବୁ ଜାଣି
ଗଲାବେଳେ ଏଥି, ଧରିବ ନାହିଁକି
ଚରଣ-ବସନ ଟାଣି ?

ସେ ବେନି ପ୍ରଣୟୀ ଆଉ
ମିଳିବେନି ଏଥି ମିଳାଇବେ ନାହିଁ
ନିବିଡ଼େ ଦୁଇଟି ବାହୁ ।

ଦୁହେଁ ଦୁଇ ଦେଶେ ରହି
ଦୁହିଁଙ୍କ କପୋଳେ ବିରହର ଜଳ
ନିତ୍ୟ ଯାଉଛି ବହି ।

ତେଣୁ ହେ ପଥିକ, କହେ,
ସମ୍ମାନ କର, ସମ୍ମାନ କର
ବିରହିତ ସେ ପ୍ରଣୟେ ।

ତୀର୍ଥ କରିଛ କି ହେ ?
ତୀର୍ଥଟି ତହିଁ, ମାନବର ହିୟା
ଯହିଁ ଦିଏ ଆଉ ନିଏ ।

ଏ ପଥ ତୀର୍ଥ ଜାଣ,
ଏଇ ପଥେ ପରା ମିଶିଯାଉଥିଲା
ଚୁମ୍ବନେ ଦୁଇ ପ୍ରାଣ !

ଏଇ ପଥ-ରେଣୁ ପରେ,
ପଥିକ, ଜାଣ କି ପ୍ରେମିକ ବାସନା
ଯେହ୍ନେ ତା ଚିତା ଜଳେ !

ତେଣୁ ହେ ପଥିକ କହେ,
ସମ୍ମାନ କର ଏ ପଥେ, ଯା ତଳେ
ପ୍ରେମ ଓ ବିରହ ବହେ ।

ଜଣେ ମତେ ଭଲପାଏ

ଦୁର୍ଦ୍ଦିନେ ପ୍ରାଣ ଆଉ ଡର ନାହିଁ ପାଏ,
ଜାଣିଲିଣି ଯେଣୁ ଜଣେ କେହି ଭଲପାଏ ।
ଥାଉ ସେ ସୁଦୂରେ ଲକ୍ଷ ଯୋଜନ ପାରେ
ବନ୍ଦିନୀ କାରାଗୃହର ଅନ୍ଧକାରେ,
ବାଜେ ମୋର ଏଇ ହୃଦୟର ଏକ ଠାଏ,
କେଜାଣି କାହିଁକି ପ୍ରିୟତମ ସମ
        ମତେ ସେ ଗୋ ଭଲପାଏ ।

ଗୃହିଣୀ ସେ, ତାର ଜଞ୍ଜାଳ ଶତ ଶତ
ମାନିବାକୁ ହୁଏ ବହୁଜନ-ମନୋରଥ ।
ତଥାପି ପାଇଲେ କ୍ଷଣକର ଅବସର
ଘରଣୀର ଘୋର ଜଞ୍ଜାଳୁ ଦିବସର
ନୀର ତେଜି ଥରେ ପୋଛିନିଏ ମୋହ ଲାଗି,
ଦେବତାଠୁଁ ନିଏ ମୋର ମଙ୍ଗଳ ମାଗି;
ମୋହ କଥା ଭାବି ଶୟନେ ନିଦ୍ରା ଯାଏ
କେ ଜାଣେ କାହିଁକି ବିଶାଳ ଜଗତେ
        ମତେ ଏତେ ଭଲପାଏ ?

ସେଇ ମଙ୍ଗଳେ ବିଶ୍ୱାସ ମୋର ବଡ଼
ସେଇ ସ୍ନେହୁଁ ଆଉ ନାହିଁ ପବିତ୍ରତର।
ସେଇ ପ୍ରେମ ମତେ ଜୀବନ ଦେଇଛି ଆଜି
ବୀର ସମ ବାହି ଯିବି ଦୁର୍ଦ୍ଦିନରାଜି।
ଗଗନେ ମୋହର ହେଲେ ଘୋର ଘନଘଟା
ବଦନ ତାହାର ହେବ ବିଦ୍ୟୁତ୍-ଛଟା।
ସଂଗ୍ରାମେ ଯଦି ଶୀଥିଳ ହୁଏ ଏ କର,
ଦୂରୁଁ ସେ ଡାକଇ 'ମତେ ଚାହଁ, ଅସି ଧର'।
ସ୍ନେହ ତାର ମତେ ଦେଲା ନୂଆ ଅବତାର,
ପରାଣ ମୋ କହେ, ସବୁ ମୁଁ ସହିବି
ହେବାକୁ ଯୋଗ୍ୟ ତାର।

ଦୁର୍ଦ୍ଦିନେ ତେଣୁ ଆଉ ଡର ନାହିଁ ପାଏ,
ଜାଣିଲିଣି ଠିକେ ଯେଣୁ ଜଣେ ଭଲପାଏ।
ସକଳ କରମେ ପଛେ ମୋର ସେ ଗୋ ରହି
ଇଙ୍ଗିତ ଦିଏ ସମରେ ହେବାକୁ ଜୟୀ।
ସଚିବ ସେ ମୋର, ଜନନୀ, ଭଗିନୀ, ପ୍ରିୟା
ସବୁ ରୂପେ, ସବୁ ଭାବେ ସେ କିଣିଲା ହିୟା।
ତାହାରି କଥା ମୁଁ ଭାବୁଥାଏଁ, ଗାଉଥାଏଁ,
ଲାଜ ନାହିଁ ମୋର, ଡର ନାହିଁ ମୋର,
ସେ ଯେ ମତେ ଭଲପାଏ।

■

ସ୍ମୃତି

ବହୁତ ଦିନ ହେଲା   ତୁମର କଥା କିପାଁ
     ପଡିନି ମନେ,
ବ୍ୟସ୍ତ ଥିଲି ପରା   ବିଗତ ଦିନଯାକ
     ସକଳ କ୍ଷଣେ !

କରମ ଅବସରେ   ଆଜି ଏ ପ୍ରଭାତରେ
     ଅଳସେ ବସି
ଜୀବନ-କଥା ଭାବୁ   ପଡ଼ିଲା ମନେ ତବ
     ବଦନ-ଶଶୀ ।

ତୁମରି ପରି ଆଉ   ପ୍ରିୟ ତ ମୋର ନାହିଁ
     ଜୀବନେ ସଖି,
ନୟନ ଲୁହେ କିଏ   ପ୍ରଣୟ ହୃଦେ ମୋର
     ଯାଇଛି ରଖି ?

ଆଉ କେ ମୋର ପାଇଁ ନିଜରେ ଭୁଲି ମତେ
         ଦେଇଛି ସ୍ନେହ ?
କଳଙ୍କ ମାଥେ ବହି ହସି କେ କହ ମତେ
         ଡାକିଛି 'ପ୍ରିୟ' !
କେହି ଗୋ ଦେଇ ନାହିଁ ତୁମରି ପରି ପ୍ରେମ
         ଜାଣ ଏ ଦୀନେ,
ଯଦି ବା ସଖା-ସଖୀ ମେଳ ଏ ଜୀବନରେ
         ଛାଡ଼ିନି ଦିନେ ।

ତୁମରେ କିପରି ମୁଁ ଭୁଲିବି କହ ସଖି
         ଭୁଲିବି କହ,
ସକଳ ସୁଖ ମେଳେ ପ୍ରିୟା ଗୋ ବାଧେ ମତେ
         ତୁମ ବିରହ ।

ଆଜି ଏ ପ୍ରଭାତରେ କରମ ଅବସରେ
         ପଡ଼ିଛ ମନେ,
ସକଳ ଅବସରେ ପରାଣ-ପ୍ରିୟା ତମେ
         ପଡୁ ଗୋ ମନେ ।

ଆଉ ତ ଦେଖା ନାହିଁ ଜୀବନେ ହେବ, ରାଣି
         ଜୀବନେ ଥାଉଁ,
ସ୍ମୃତିରେ ନିଧି କରି ଧରଣୀ ପରେ ଶେଷ
         ଜୀବନ ଯାଉ ।

ତୁମେ କି ପ୍ରିୟା ମତେ ଭାବ ଗୋ ବେଳେବେଳେ
         ମୋହରି ପରି,
ଅତୀତ କଥା ଭାବି ବିଶାଳ ଦୁଇ ଆଖେ
         ଲୋତକ ଭରି ?

ପଚାରୁଁ କହିଥିଲ ‘ନିରତେ ତମେ ମନେ
ପଡୁ ଯେ ଥାଅ’
ସେ ବାଣୀ ଭରସାରେ ଲିଭଇ ଆପେ ଆପେ
ବିରହ-ଦାହ ।

ଜାଣେ ମୁଁ ଜାଣେ ସଖି ଭୁଲି ନଥିବ ମତେ,
ନୁହ ସେପରି,
ଜାଣେ ମୁଁ ଏ ଜଗତେ ପ୍ରେମିକା ନାହିଁ ମୋର
ପ୍ରିୟାର ସରି ।

■

ପାଶୋରା ପ୍ରଣୟ

ଜୀବନେ ଯାକୁ ଭଲ ପାଇଲି ବାରେ
ପରତେ ନାହିଁ ଆସେ
ନିଜକୁ ନିଜ ଭାଷେ
କହିବି ଯଦି ଆଜି ଭୁଲିଛି ତାରେ,
ଜୀବନେ ଯାକୁ ଭଲ ପାଇଲି ବାରେ।

ବିବେକ କହେ ଡାକି ଆହେ ରସିକ
ଥରେ କି ଭଲପାଇ
ଭୁଲିବା ଶୋଭା ପାଇ
ନିଠୁର-ପ୍ରାଣ ତବ, ପ୍ରଣୟ ଧିକ,
ବିବେକ କହେ ଡାକି ଆହେ ରସିକ।

ଏ ଛାତି ତଳେ ଯାଏ ପରାଣ ମରି
ପାଇ ଏ ଉଲୁଗୁଣା
ପୁଣି ପ୍ରେମ, ପୁରୁଣା-
ହେଲା କେମନ୍ତେ ସେଇ କଥା ସୁମରି;
ଏ ଛାତି ତଳେ ଯାଏ ପରାଣ ମରି।
କେମନ୍ତେ କିପାଇଁ ବା ଭୁଲିଲି ତାରେ,

ନିଜେ ତ ନାହିଁ ଜାଣେ
କେମନ୍ତେ ମୋର ପ୍ରାଣେ
ପଡ଼ିଲା ବାରିଧାରା ପ୍ରେମ-ଶିଖାରେ;
କେମନ୍ତେ କିପରି ବା ଭୁଲିଲି ତାରେ।

ମନେ ତ ଅଛି ସେଇ ଲୀଳା ଆଗର;
ପରାଣ ଦିଆଦେଇ
ସକଳ ପଥ ଦେଇ,
ମୋ ପାଇଁ କାଟିବାର ନିଶି ଜାଗର;
ମନେ ତ ଅଛି ସେଇ ଲୀଳା ଆଗର।

ନୟନେ ନୟନେ ସେ କହିବା କଥା
ନିରତ ମୁଖେ ଚାହିଁ
ଇଷିତ ପୁରେ ନାହିଁ;
ଟିକିଏ ଆଡ଼ ହେଲେ ଲାଗଇ ବଥା,
ନୟନେ ନୟନେ ସେ କହିବା କଥା।

ସବୁ ତ ଅଛି ମନେ ପ୍ରିୟା ଗୋ ମମ,
ସେ ଦୀପ ଆଉ ଜଳେ
ନାହିଁ, ଏ ପ୍ରାଣ ତଳେ
କିପାଇଁ କରି ପ୍ରାଣେ ଫଗୁଣ ସମ;
ସବୁ ତ ଅଛି ମନେ ପ୍ରିୟା ଗୋ ମମ।

ଭାବିବା ଆନ ଅବା ନୟନ ଢ଼ାଳି
ନେଲାଣି କିଣି ମତେ,
ଚାହିଁଛି ମୋର ପଥେ,
କୁଟୀରେ ତା'ର ପ୍ରେମ-ଜାଗର ଜାଳି;
ଭାବିବ ଆନ ଅବା ନୟନ ଢାଳି।

ନାହିଁ ଗୋ ନାହିଁ ସଖି, ସେପରି କେହି
    ମୋ ପଥେ ମୁଁ ଏକାକୀ
    ନାହିଁ ତ କେହି ସାଥୀ
ଆପଣା କରିବ ଯେ ପ୍ରଣୟ ଦେଇ;
ନାହିଁ ଗୋ ନାହିଁ ସଖି ସେପରି କେହି ।

ତଥାପି ହାୟ ସଖି, ଯାଏ ନା ମନ
    ତବ ସେ ପ୍ରେମ ପାଶେ
    ସେ-ଦିନ-ସୁଖ ଆଶେ
ଚାଖିବା ପାଇଁ ଚିହ୍ନା-ପୀୟୂଷ-କଣ;
ତଥାପି ହାୟ ସଖି ଯାଏନା ମନ ।

ଭାବିବ ନାହିଁ ପ୍ରିୟେ ନିଠୁର ମତେ
    ଯତନ ଯେବେ କରି
    ପାରିଲି ନାହିଁ ଧରି
ପ୍ରଣୟ ତବ ହୃଦେ; କି ଦୋଷ ସତେ !
ଭାବିବ ନାହିଁ ପ୍ରିୟେ ନିଠୁର ମତେ !

ପ୍ରଣୟ ହାଏ ସଖି ଚପଳ ଅତି,
    ବତାସି ପରି ଆସେ
    ନିଖିଳ-ପ୍ରାଣ ଗ୍ରାସେ
ଫେରିଲା ବେଳେ ଯାଏ ନିଭାଇ ବତି;
ପ୍ରଣୟ ହାୟ ସଖି ଚପଳ ଅତି ।

ତୁମର ଦୀପ-ଶିଖା ଲିଭିଛି ପ୍ରାଣେ,
    ବିରାଗେ ପ୍ରାଣ-ବଧୂ
    ନ ପିଏ ତବ ମଧୁ
ନିରତ ଆନ ଫୁଲେ ଯିବାରେ ଟାଣେ;
ତୁମର ଦୀପ-ଶିଖା ଲିଭିଛି ପ୍ରାଣେ ।

ଜୀବନେ ଥିଲେ ସଖି, ଖୋଜିବି ଫୁଲ
ପ୍ରଣୟ-ମଧୁ ବିନା
ପରାଣ-ବଧୂ ସିନା
କଠିନ-ଉପବାସେ ହେବ ଆକୁଳ,
ଜୀବନ ଥିଲେ ସଖି ଖୋଜିବି ଫୁଲ।

ତେବେ ଗୋ ପ୍ରିୟେ ମତେ ଦିଅ ମେଲାଣି
ପାଶୋର-ପ୍ରେମ ରାଇ,
କି ସୁଖ ଲେଉଟାଇ
ଭୁଲିଛି ମୁଁ ତ, ମତେ ଭୁଲ ଗୋ ରାଣି,
ତେବେ ଗୋ ପ୍ରିୟେ ମତେ ଦିଅ ମେଲାଣି।

■

ପ୍ରେମର ପରିମାପ

ପ୍ରେମ କି ଥରେ ଆସି ଥରକେ ହୁଏ ଶେଷ,
ଜଣକୁ ଦେଲେ ସଁପି, ନ ରହେ ଅବଶେଷ ?
ପ୍ରଥମ ଭେଟ ସାଥେ ସରେ କି ସଂଚୟ,
ଆଉ କି ଥରେ ବୁକୁ ନ ହୁଏ ରସମୟ ?

ପଛେ ଯେ ଆସେ ତାର ଆଖିରେ ନୀର ଭରି,
ସେ କି ଗୋ ଦେଖିଯିବ ଶୁଖିଲା ହୃଦ-ଝରି ?
ପ୍ରଥମ ଯଦି ନିଏ ଦ୍ୱିତୀୟ ନେବ ନିକି,
ବିଶାଳ, ହୃଦ-ପୁରେ ସାଜେ କି ଏକ ସଖୀ ?

ଏକଇ ଫାଲଗୁନେ ଲକ୍ଷ ଫୁଲ ଫୁଟେ,
ଭ୍ରମର ଗୋଟିକରୁ ଗୋଟିକୁ ଚୁମି ଛୁଟେ,
ଗୋଟିଏ ପ୍ରାଣେ ତାର କୋଟିଏ ସଖୀ-ଡାକ,
କାହାକୁ ଦୂରେ ରଖି ଯିଏ ସେ କାହା ପାଖ ?

ସବୁରି ଓଠେ ଓଠେ ଲଗାଏ ମୁଖ ତାର,
ସବୁରି ପ୍ରାଣ-ପୁଟେ ଢ଼ାଳଇ ଯା ଦେବାର ।
ଜଣେ କି ଖାଲି ନେବ ଜୀବନ ସୁଖ-ପାନେ,
ଆଉ କି ସବୁ ଯିବେ ମଉନ-ଅପମାନେ ?
X X X

ଜୀବନ ପଥ ପରେ ଅନେକ ସାଥୀ ଡାକ;
କାହାକୁ ଦୂରେ ଠେଲି ଯିବି ମୁଁ କାହା ପାଖ,
ଜଣକ ଉପହାର ରଖିଲି ବୁକେ ତୋଳି,
କ୍ଷୁଦ୍ର ଅଧର ତା' ସାରାଟି ମୁଖେ ବୋଲି।

ଆରେକ ଯଦି ଆସେ, ଧରି ତା ଉପହାର,
କି ଦୋଷେ ତାକୁ କହ ରୋଧିବି ମୋ ଦୁଆର ?
ଦୁଆର ପଥ ପରେ ସରଳା ଆଖି-ଲୁହ
ପୋଛିବ କାହା ନାମେ ପାଟପଣତେ କୁହ ?

ସବୁରି ଆଖି-ଲୁହ ସମାନ ନିକି ଭବେ,
ସକଳ ବୁକୁ ଏକା ବେଦନା-ଗଉରବେ ?
କି ଦାବୀ ତେବେ କହ ଏ ବୁକେ ଜଣକର,
ଅନେକ ପାଇଁ ଯଦି ଅଛି ଗୋ ଉପଚାର ?
ଏକଇ ଜୀବନେ ଗୋ ଅନେକ ଡାକ ଆସେ
କାହାକୁ ଫେରାଇବି, ଡାକିବି କାରେ ପାଶେ ?

ପ୍ରଥମା ଦେଖାଦେଲା ପଥର ଧୂଳି ପରେ,
ଧୂଳିର ଗୃହ ପାତୁଁ କିଶୋର ବୟସରେ,
ଧୂଳିର ସଂସାରେ ସେ ଥିଲା ଛୋଟ ରାଣୀ,
ଦେଇଛି ସେହିଦିନୁ ଆସନ ତାର ଟାଣି
ଏ ବୁକେ। ଯହିଁ ଯାଏ ସେ କହେ 'ମତେ ନିଅ,
ସକଳ ବିତରଣେ ମତେ ମୋ ଭାଗ ଦିଅ।'

ଦ୍ୱିତୀୟା ଦେଲା ଦେଖା, ସକାଳ-ଯଉବନେ
କୁମାରୀ ଅଭିଜାତା ଗୋଲାପ, ରୂପବନେ।
ତରୁଣୀ ନ ଡାକୁ ମୁଁ ଅର୍ଘ୍ୟ ଉପହାର
ଦେଇ ମାଗିଲି ତାର ମୋ ଘରେ ଅଭିସାର।

ଆସିଛି ସେ ରୂପସୀ, ତା ପାଇଁ ଆୟୋଜନ
କରିବି ନିକି ପାତି ନ ଦେବି ମୁଁ ଆସନ ?

ତୃତୀୟା ପୁଣି ଅଛି, ନୁହେ ସେ ରୂପବତୀ,
ତଥାପି ରାତି କାଟେ ମୋ ପାଇଁ ଜାଳି ବତି;
ଭିକ୍ଷା କିଛି ନାହିଁ, ଦେବାରେ ସୁଖ ତାର,
ମୋହର ସୁଖ ପାଇଁ ତା ଆଖେ ଲୁହଧାର।
ଆସନ ମାଗେ ନା ସେ, ତଥାପି ଆୟୋଜନ;
ମୋ ସେବା ନ ମାଗୁଁ ସେ; ମୁଁ ତାର ପରିଜନ।

କେତେ ଗୋ ଏଇପରି ପ୍ରଣୟ-ଭିଖାରିଣୀ
ଭିକ୍ଷା କରି ମୋର ପ୍ରାଣକୁ ନେଲେ କିଣି।
ସବୁରି ଦାବୀ ଅଛି, ଫେରି ଗୋ ଯିବେ କିପାଁ,
ପ୍ରଣୟ ବିପଣିରେ ସରେ କି ପ୍ରାଣ-ବିକା ?

ଅତଳ ଜଳଧି ଏ ରହିଛି କୂଳ ଭରି,
ବାହିବ ବୁକୁପରେ ଲକ୍ଷ କୋଟି ତରୀ।
ଲକ୍ଷ କୋଟି ଜୀବ ପାରିବେ ଅବଗାହି,
କି ଲାଭେ କାରେ କିପାଁ କରିବି ନାହିଁ ନାହିଁ।

ସଖା ସଜନୀ ଯେତେ ମିଳିବେ ମୋ ଦୁଆରେ,
ସକଳେ ହେବେ ତୋଷ ମୋ ପ୍ରୀତି ଉପଚାରେ।

■

ଶଙ୍କିତ ସ୍ନେହ

ଚାରୁ-କେଶୀ ସେଇ ବାଳିକାର ପ୍ରେମ ପାଇଁ
ଏ ଜୀବନେ ମୋର ନ ଦେବାର କିଛି ନାହିଁ।

ମୋର ସୁଖ ଦେବି ତା'ର ସୁଖ ପାଇଁ ବଳି
ପଦଧୂଳି ତାର ଝାଡ଼ି ଦେବି କରେ ଧରି।
ସେ ଯଦି କହିବ 'ଯାଅ ତୁମେ ମୋର ପାଖୁ'
ଚାଲିଯିବି ଦୂରେ ତାକୁ ସୁଖୀ କରିବାକୁ।

ସେ ଯଦି କହିବ 'ଛାଡ଼ି ନାହିଁ ଯିବ ମତେ'
ଏ ଆଖି ରହିବ ଲାଖି ତା'ର ଭାଲପଟେ।
ସେ ଯଦି କହିବ 'ଏତେ ସେବା କାହିଁ ପାଇଁ',
ମୁଁ କହିବି 'ରାଣି, ଏଥୁ ବଳି ସୁଖ ନାହିଁ'।

ଏ ନୟନ-ନୀରେ ଆର୍ଦ୍ର ପ୍ରଣୟ ମମ
ଢାଳି ଦେବି ପଦେ ପୂଜାର ପୁଷ୍ପ ସମ।
ମାନ ଗୌରବ ଯାହା କିଛି ଅଛି ମୋର,
ଢାଳି ଦେବି କହି 'ରାଣି ଗୋ, ଏ ସବୁ ତୋର'।

ସବୁ ଦେବି ତାରେ। ଥରେ ଥରେ ଭାବେ ଖାଲି
ଏ ଜୀବନ ଯାର ଚରଣେ ମୁଁ ଦେବି ଢ଼ାଳି,
ସେ ଯଦି ଖାତିର କରେନା ଏ ମୋର ଦାନ,
କିପରି ସେଦିନ ଲୁଚାଇବି ଅପମାନ ?

■

ଭଲପାଅ ?

ଭଲପାଅ ? ଭଲପାଅ ?
କେତେ ପଚାରିଲି ତେବେ ବରବଧୂ
କିପାଇଁ ମଉନ ଥାଅ ?
ଭୁବନ ବୁଲି ମୁଁ ତୁମ ପାଶେ ବସେ ଆସି,
କହିବି ତୁମରେ ଏ ପରାଣ-କଥାରାଶି,
ସେ ସକଳ କଥା ଗୋଟିଏ କଥାରେ ସରେ
ପଚାରି ବସିଲେ କଣ୍ଠ ମୋ ଶୁଖେ,
ନିଖିଳ ମୋ ହିୟା ଥରେ;
ଏକ ସେ ପ୍ରଶ୍ନ-ଭଲପାଅ, ଭଲପାଅ;
ବରବଧୂ ତମେ ନିଷ୍ଠୁର ଏଡ଼େ
କିପାଇଁ ମଉନ ଥାଅ ?

ନାହିଁ କର ଯଦି ମୃତ୍ୟୁ ଖୋଜିବି ସଖି
ନୀଡ଼ ତେଜି ନଭେ ଉଡ଼ିବ ପାଗଳ ପଖୀ,
ଜୀବନ-ପାତ୍ର କ୍ଷଣକେ ଶୁଖିବ ରସ,
ଚିରକାଳ ପାଇଁ କ୍ଷୁଦ୍ର କରିବ
ମତେ ଏହି ଅପଯଶ,
ଜାଣିକି ଏ ସବୁ ମଉନେ ତୁମେ ହେ ଥାଅ,
ବରବଧୂ ଏତେ ପଚାରୁଁ ପୂଜାରୀ
ଭଲପାଅ ? ଭଲପାଅ ?

ପୁରୁଷ ମୁଁ ସଖି ସମରରୁ ଆସେ ଫେରି,
ଜୟ ଗୌରବେ ବଜାଇ ବିଜୟ-ଭେରି
ଦେଖିବି ବୋଲି ସେ କଜଳ-ଆଖିରେ ସୁଖ
ମୋ ଗରବେ କ୍ଷଣେ ପୂରି ଉଠିବାର
ସେ ଛୋଟ କନକ ମୁଖ;
ସେ ମୁଖ ଦେଖିଲେ ଏ ବୁକେ ଲିଭଇ ଦାହ,
ତେଣୁ ମୁଁ ପଚାରେ ଏତେ ବରବଧୂ
ଭଲପାଅ ? ଭଲପାଅ ?

ଯହିଁ ଯାଏ ମୁହିଁ ସେ ମୁଖ ପଡ଼ଇ ମନେ
ସେ ଆଖି-ଯୁଗଳ ଜଳୁଥାଇ ପ୍ରତି କ୍ଷଣେ;
ଭାବୁଥାଇ ଖାଲି କୁଟୀରେ ଆସିଲି ଛାଡ଼ି
ଯାହାରେ, ସେ କି ମୋ' ଜୟ ଶୁଣିବାକୁ
ରହିଅଛି କାନ ପାରି ?
ତୁମ ଲାଗି ଖାଲି, ତୁମ ଲାଗି ଅବଗାହ
ଜଗତ-ଯୁଦ୍ଧେ; ତେଣୁ ମୁଁ ପଚାରେ
ଭଲପାଅ ? ଭଲପାଅ ?

ବୁଝି ପାରୁ ନାହିଁ ପୂଜାରୀର ଆରାଧନା
କାହିଁକି ହେ ଦେବି ? ପଡ଼-ନାହିଁ କି ହେ ଜଣା,
ଉଷ୍ଣତା ମୋର ପ୍ରଣୟର ବରବଧୂ ?
ଅଯାଚିତେ ତେଣୁ ଢାଳି ପାରୁ ନାହିଁ
ପରାଣୁ ପ୍ରଣୟ-ମଧୁ,
ତେଣୁ କି ମଉନେ ଥାଅ ?
ଯେତେ ପଚାରିଲେ ପ୍ରସ୍ତରମୟୀ,
ଭଲପାଅ ? ଭଲ ପାଅ ?

ହେ ପାଷାଣି, ତୁମେ ଦେଖି କି ପାରୁଛ ହିୟା,
ଜାଣି କି ପାରୁଛ ପରାଣେ ଜଳେ କି ନିଆଁ ?
ପୁରୁଷ ରକ୍ତ ତରଳ ଅଗ୍ନିପରି
ଜାଳିଦିଏ ମତେ; ବୈଶାଖ ବନେ
କାନନ ଅଗ୍ନି ସରି।
ପ୍ରଣୟର ବାରିବାହ
ଅଜାଡ଼ି ଶାନ୍ତ କରିବାକୁ ସଖି
ପଚାରଇ 'ଭଲପାଅ'।

ଟୋଳ ଗୋ ଓଢ଼ଣା, ଅନାଅ ନୟନେ ମୋର,
ଗଣ୍ଡେ ମୋ ଲାଗୁ ତୁମର କର୍ଣ୍ଣ-ଦୋଳ।
ପ୍ରେମ କର ସଖି, କର ପୁଣି ଅଭିମାନ
ହିୟାର ଗୋପନ କଥା ଶୁଣିବାକୁ
କର ମୋତେ ଆହ୍ୱାନ।
ତେବେ ସିନା ଲିଭେ ଦାହ
କଥା କହ ଏବେ କଥା କହ ସଖି
ପଚାରିଲେ 'ଭଲପାଅ' !

■

ଦୂରେ ରହ

ଦୂରେ ରହ ଦୂରେ ରହ
ସନ୍ନିଧି ତବ ହେ ପ୍ରିୟ କିଶୋରି,
ହୋଇ ଉଠେ ଦୁର୍ବହ ।
ତବ ଯୌବନେ ଜୁଆର ଆସିଛି
ରୂପର ଊର୍ମି ଧରି
ଲୋମେ ଲୋମେ ତବ ସୁଷମା ଜାଗଇ
ଚେତନା ଉଠଇ ଥରି ।
ମଦ୍ୟ ଝରଇ ଅଧରରୁ ଅହରହ,
ଦୂରେ ରହ, ଦୂରେ ରହ ।

ଶରୀର ଗନ୍ଧେ ସୁରା ଅଛି ଲାଗି
ପାଗଳ କରାଏ ମତେ,
ନୟନ ଟାଣୁଛି ବଡ଼ଶୀ ପରି ଗୋ
ନିତ୍ୟ ତୁମରି ପଥେ,
କେ ଜାଣେ କି ହେବ ଭାବି ଲାଗେ ମତେ ଭୟ,
ଦୂରେ ରହ, ଦୂରେ ରହ ।

ରୂପସୀ, ତୁମର ରୂପ ସାଗରରେ
ଦେବି ଯଦି ଅବଗାହ,
କହି କି ପାରିବ ଶେଷ ହେବ ମୋର
ଜୀବନର ସବୁ ଦାହ ?
ପରିଣାମ ଯେଣୁ ନାହିଁ ପାରେ କରି ଥୟ
ଦୂରେ ରହ, ଦୂରେ ରହ।

ତଥାପି ରୂପସୀ କିଶୋରୀ ତୁମର
ଉଚ୍ଛଳ ଯୌବନେ
ଏକ ଗଣ୍ଡୁଷେ ପାନ କରିବାର
ବାସନା ଜାଗଇ ମନେ,
ରୂପ ତବ ସଖି, ବଡ଼ହିଁ ତୀବ୍ର
ବଡ଼ହିଁ ଦୁର୍ବିଷହ,
ଦୂରେ ରହ, ଦୂରେ ରହ।

ହାୟରେ ଭୟାଳୁ ନିଜରେ ପଚାର
ଦୂରେ ସେ ରହିବ କାହିଁ ?
ଅନ୍ତରେ ଯାର ନିବାସ ତାର ତ
ଦୂର ବା ନିକଟ ନାହିଁ।
ତେଣୁ ସେ କିଶୋରୀ ମରମରେ ରହି
ମାରୁଅଛି ଅହରହ,
ବିଫଳ କହିବା ସିନା ତାକୁ ସତେ
'ଦୂରେ ରହ, ଦୂରେ ରହ'।

■

ପ୍ରେମର ଭାଷା

ସକଳେ ଡାକନ୍ତି 'ତମେ' 'ତମେ' ବୋଲି
ସେ 'ତମେ'ର ମୂଲ ନାହିଁ,
ତମେ ଯେବେ ମତେ 'ତମେ' ବୋଲି କହ
ଏତେ ମିଠା କାହିଁ ପାଇଁ ?

ଦୁଇଟି ଅକ୍ଷରେ କିଣି ନେଲା ପରି
କାନକୁ ମୋହର ଲାଗେ,
ଓଠ ତବ ସଖି ଭରିଦିଏ ତାକୁ
କି ଗଭୀର ଅନୁରାଗେ ?

କେତେ ତ ଡାକନ୍ତି ଦିନ ରାତି ସଦା
'ଶୁଣ' 'ଶୁଣ' ବୋଲି ମତେ,
ତମେ ଯେବେ ଆଖି ଠାରି 'ଶୁଣ' କହ
କେ ଜାଣି କି ପ୍ରାଣେ ଘଟେ !

କେତେ ନ ଶୁଣୁଛି ଦିନ ରାତି କହ
'ହଇକିଓ' 'ହଇକିଓ'
ତମେ ଯଦି ପଛୁ ଡାକ 'ହଇକିଓ'
ସୁଧା ଧାରା ଢାଳ କିଓ ?

ହେ ପ୍ରେମ-ଦେବତା ଏ ପ୍ରେମୀ-ଯୁଗଳେ
କରୁଣା ତମର ଥାଉ
'ତମେ'- 'ଶୁଣ' ତଳେ ଦୁଇଟି ଛାତିର
ଡାକ ଦୁହେଁ ଯେହ୍ନେ ପାଉ ।

■

ପ୍ରେମ ଓ ଜରା

ତୁମରେ ପ୍ରିୟେ ଗୋ ପୁଣି ଦେଖିବି ଯେ ଦିନ
ଭାବେ ମୁଁ ଥିବ କି ସଖି ଯୌବନ ନବୀନ
ସେ ଦିନର ? ଅମଳିନ ଜବାପୁଷ୍ପ ସମ
ଆରକ୍ତ, କୋମଳ ସେଇ ଓଷ୍ଠ ଅନୁପମ,
ସଦ୍ୟସ୍ଫୁଟ ପୁଷ୍ପସରି ତରୁଣ-ମାଧୁରୀ
ସମସ୍ତ ବଦନ ସ୍ପର୍ଶି, ଅଙ୍ଗେ ଅଙ୍ଗେ ପୂରି
ଆଶ୍ୱିନ ଜୋଛନା ସମ ଲାବଣ୍ୟ ସରସ,
ସୁଗୋଲ ପିଚ୍ଛିଳ ବାହୁ; ଚୁମ୍ବକ-ପରଶ
ଲୋମେ ଲୋମେ; ମୁଗ୍ଧ କରି ତରୁଣ ସୁଷମା
କେଶୁ ନଖ ଯାଏ; ତମେ ଭାବ କି ଉତ୍ତମା

ଏମାନ ଦେଖିବି ପୁଣି ? ଦେଖିବି କି ପୁଣ
ତରୁଣୀର ସେ ହୃଦୟ ପ୍ରଣୟ-ନିପୁଣ ?
ରସବନ୍ତ ଓଷ୍ଠେ ଚାହିଁ ଚାହିଁ କି ଶର୍ବରୀ,
ପୁହାଇ ପାରିବି ମୁହିଁ ସେ ଦିନର ପରି ?
ନାସିକାରେ ପାନ କରି ଚିକୁର ବାସନା,
ଭୁଲି କି ପାରିବି ପୁଣି ଜୀବନ-ଯାତନା ?
ନାହିଁ ପରା ! ହାୟ ସଖି, ଯଉବନ ଗତେ

ପ୍ରେମର ଉଷ୍ଣତା ତୁଟେ, କହୁଛନ୍ତି ମତେ
ଅଭିଜ୍ଞ ଜନେ ଗୋ ନିତି; ତେବେ କହ ସଖି,
ସେ ପ୍ରେମ କେମନ୍ତେ ଆଉ ପାରିବା ଗୋ ରଖି,

ଶୀତ-ରକ୍ତ ପ୍ରୌଢ଼ ଦେହେ? ପଳିତ କପୋଳେ
ପ୍ରଣୟ ଫୁଟଇ କାହିଁ? ତେଣୁ କହେ ତୋରେ
ପ୍ରିୟେ ଗୋ ଶୀଥିଳ-ପକ୍ଷ୍ମେ ଚାରି ଚକ୍ଷୁ ପାଇଁ
ଅଭିଳାଷ ନାହିଁ ରହୁ! ଘନ-ନୀର-ପାୟୀ-
ଚାତକ ଯେସନ ତୁଷ୍ଟ ରହେ ବର୍ଷ ଧରି,
ଦିନକର-ନୀରପାନ-ସ୍ମୃତି ନିଧି କରି
ଚାହିଁ ପୁଣି ବର୍ଷାନ୍ତରେ; ତୁମେ ସେଇପରି
ତୁଷ୍ଟ ରହ ସ୍ମରି ଦିନେ ଚିତ୍ତ ଆତ୍ମାଭରି
ଭୋଗିଲ ଯେ ଅନୁପମ ପ୍ରେମ ଯଉବନେ;
ଆଶା ରଖି ଜନ୍ମାନ୍ତରେ। ପୁଣି ସଂଗୋପନେ

ସହକାର ତଳେ ଦେଖା ହେବ ଗୋ ସୁନ୍ଦରି,
ପୁଣି ସେ ଚଟୁଳ ଓଷ୍ଠ ଥରି ଥରି ଥରି
କହିବ ହୃଦୟ କଥା- 'ସତେ ଭଲପାଅ'?
ପୁଣି ଗୋ ଅନ୍ଧାର-ପଥେ ହୃଦୟର ଦାହ,
ନିଭାଇବା ପାଇଁ ଦୁହେଁ ବାହାରିବା ସଖି,
ଚିକଣ-ଚିକୁରେ ତବ ନାସା ମୋର ରଖି
ପୁଣି ମୁଁ ନିବିଡ଼େ ଦେବି ସଖିରେ ଆଘ୍ରାଣ,
ନୂତନ ପ୍ରଣୟ ପୁଣି ଭୋଗିବ ପରାଣ
ଦୁହିଁଙ୍କର ସେଦିନ ଗୋ। ତେବେ ରୂପଗତା,
ଦୁଃଖ କିବା? ଜନ୍ମାନ୍ତରେ ପାଇବା ମମତା
ନୂଆ କରି। ଶୁଭ୍ରକେଶେ ଦେଖା କାହିଁପାଇଁ?
ନୂତନ ପ୍ରଭାତ ଆଶେ ନିଶା ଯାଉ ପାହି।

■

ପ୍ରେମ ଓ ମୃତ୍ୟୁ

ଶୁଣିବ ଯେବେ ପ୍ରିୟା ଗୋ ମୋର
      ପ୍ରଣୟୀ ତବ ଜଗତେ ନାହିଁ,
ଆସିବ ମୋର ଭସ୍ମ ପାଶେ
      ଦେବ ହେ ତାରେ ଦେହର ଛାଇ।
ପାରିବ ଯଦି ଭସ୍ମ ପରେ
      ପଦ୍ମପାଦ ଚାଲିବ ଧୀରେ,
ଜୀବନ ପୁଣି ଲଭିବି ସଖି,
      ନିଶ୍ଚୟ ମୁଁ ମରଣ-ତୀରେ।

■

www.ingramcontent.com/pod-product-compliance
Lightning Source LLC
Chambersburg PA
CBHW060501080526
44584CB00015B/1510
* 9 7 8 1 6 4 5 6 0 0 1 6 9 *